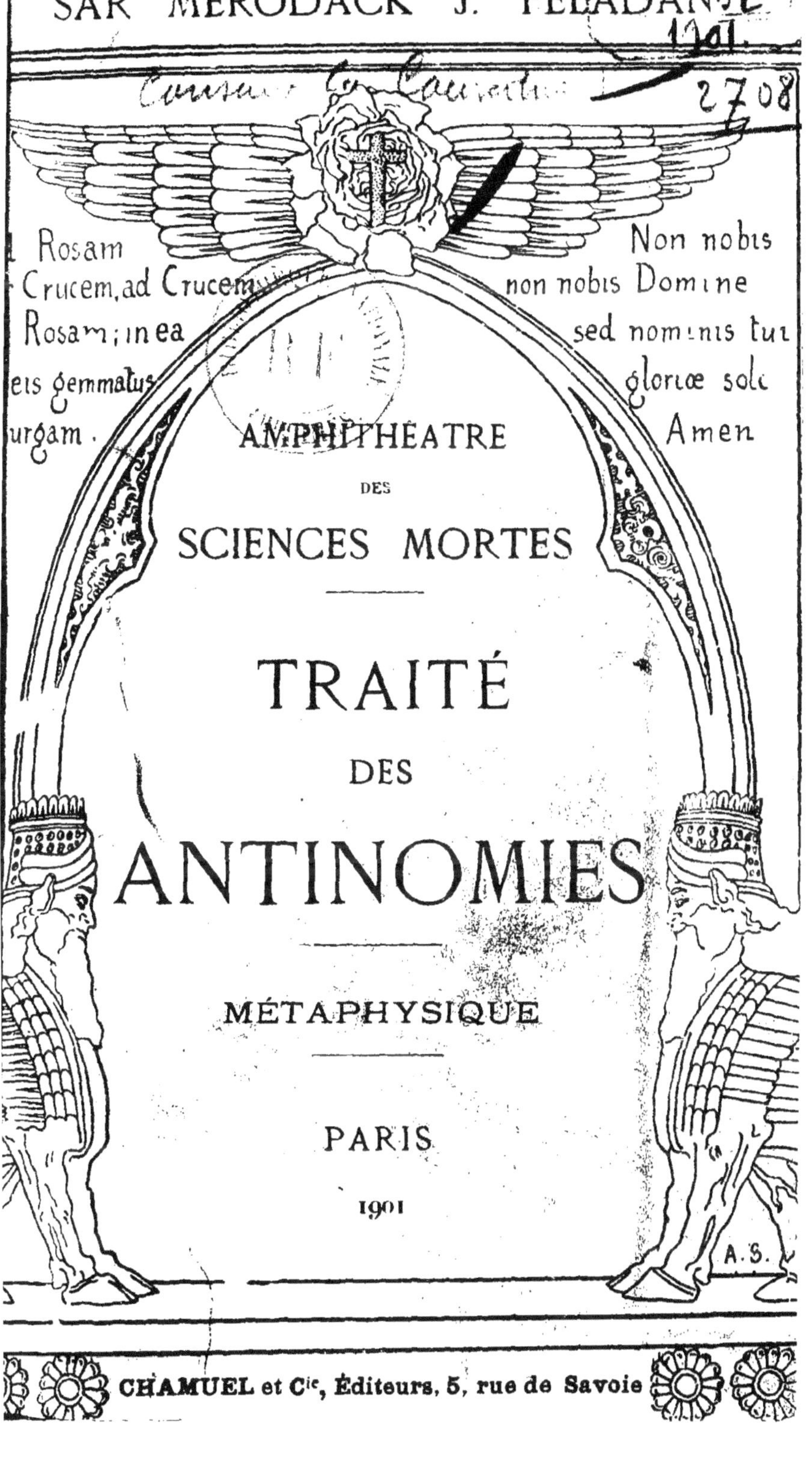

CHAMUEL et Cⁱᵉ, Éditeurs, 5, rue de Savoie

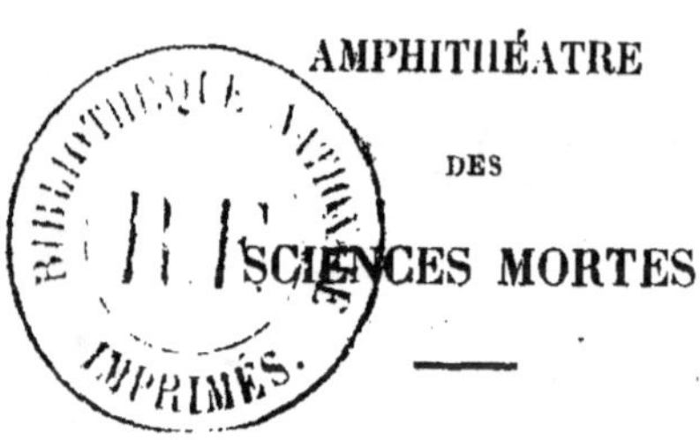

AMPHITHÉATRE

DES

SCIENCES MORTES

—

TRAITÉ DES ANTINOMIES

L'ŒUVRE PÉLADANE

La Décadence latine (Éthopée)

I. Le Vice Suprème (1884).
II. Curieuse (1885).
III. L'Initiation sentimentale (1886).
IV. Istar (1888).
V. A Cœur perdu (1887).
VI. La Victoire du Mari (1889).
VII. Cœur en peine (1890).
VIII. L'Androgyne (1891).
IX. La Gynandre (1892).
X. Le Panthée (1893).
XI. Typhonia (1894).
XII. Le dernier Bourbon (1895).
XIII. Finis Latinorum. (1898).
XIV. La Vertu suprème. (1900).

Amphithéâtre des sciences mortes

I. Comment on devient mage (éthique), in-8°, 1891.
II. Comment on devient fée, (érotique), in-8°, 1892.
III. Comment on devient artiste (esthétique), in-8°, 1894.
IV. Le Livre du Sceptre (politique), in-8°, 1895.
V. L'Occulte catholique (mystique), in-8°, 1898.
VI. Traité des antinomies, (métaphysique) in-8°, 1901.

Théâtre de la Rose † Croix

Babylone, tragédie en 4 actes, in-6°, 1894.
Prométhée, trilogie d'Eschyle restituée, in-8°, 1895.
Le Prince de Byzance, drame en 5 actes.
Le Fils des Étoiles, en 3 actes.
Sémiramis, tragédie en 4 actes.
Œdipe et le Sphinx, tragédie en 3 actes.
Orphée, tragédie en 5 actes.
La Rose † Croix, mystère en 3 actes.
Le Mystère du Graal, en 5 actes.

} hors commerce.

La Décadence esthétique

L'Art idéaliste et mystique, 1 vol. in-18.
Le Théâtre de Wagner (les xi opéras, scène par scène, 1 vol.
La Réponse a Tolstoi, 1 vol. in-18.
(Les xxv ouvrages antérieurs de cette série sont épuisés.)

Acta Rosæ Crucis

Le prochain Conclave, instructions aux cardinaux, 1 vol.

Les Idées et Les Formes (Flammarion)

La Terre du Sphinx (Egypte). 1890.
La Terre du Christ (Palestine). 1891.

EXERGUE

Jean dit à Maître, nous avons vu un homme qui chasse les démons en ton nom et nous l'en avons empêché, parcequ'il ne nous suit pas! »

— « Ne l'en empêchez pas » répondit Jésus « car, qui n'est pas contre vous, est avec vous. »

DÉDICACE

A

GABRIEL BOISSY

———

La moindre baie, brillante dans la nuit, attire la phalène au vol incertain ; le tympanon sacré et la profane cymbale rassemblent, également, les hommes.

Au domaine spirituel, la clarté et le bruit opèrent aussi leur prestige ; tout ce qui crie et tout ce qui luit affirment ; et l'humanité ne vit que d'affirmations.

Chacun cherche sa voie, par instinct sériel, mais le choix exprime plus souvent l'infatuation que la vocation.

C'est le propre des décadences de voir pulluler les Théurges et les Soters : les civilisations commencent et finissent par des prophètes : mais les uns s'appellent, Orphée et les autres Julien.

Sonneur des cloches de Montsalvat j'ai vu, aux tempéraments divers, ce phénomène de la séduction idéale qui soulève l'individu au-dessus de lui-même et le métamorphose, pour quelques moments, en Croisé, en Templier, en Essenien !

Ce sont peut-être les meilleurs des hommes, ceux qui s'emparent d'une idée comme d'une bouteille et s'enivrent d'une doctrine, comme avec un alcool : confondant leur vanité et l'intérêt du ciel, ils chantent l'office pour la dignité d'être au chœur et de se dire moines. Survienne un conflit entre le monde et leur vœu, celui-ci est aboli aussitôt. Ceux qui vinrent, la clarté éteinte et le bruit cessé, œuvrèrent dans le silence et l'impersonnalité, vraiment initiés : et vraiment des chevaliers.

Vous êtes, au premier rang de ceux-là, mon cher Boissy et j'inscris ici Votre nom au cartouche de mon amitié.

Quand Vous êtes venu, il n'y avait plus ni profit, ni vanité, en Rose † Croix. Réparant le dommage d'une publicité intempestive, la façade qui avait trop attiré l'attention disparaissait ; et l'œuvre se fermait, autant qu'elle avait été exagérément ouverte.

Rien ne Vous amenait que le pur mouvement de Votre destinée spirituelle.

Je connais mon péché et je ne le déteste pas.

Je n'ai pas pu aimer mon temps : à son tour il a accablé mon zèle de ses ostrakons.

Notre Maître dit : « Qui mettra le vin nouveau en de vieux vases ? » J'ai trop aimé le Passé, ses pompes et ses œuvres. Avec une terminologie archaïque, souverainement déplaisante dans un pays de suffrage universel et de laïcisme, j'ai prêché, littéralement, dans une langue morte. On a repoussé les mots ; et le bien que je voulais, n'a pas été. Il n'y a que moi de vaincu : la doctrine intémérablement vermeille n'aura subi qu'un retard d'expansion. Le vœu demeure ; si je ne dois pas trouver la forme moderne de la vérité, j'aiderai les prédestinés à cette découverte, par la leçon même de mon aventure.

Parmi ceux qui doivent redire ce que j'ai dit d'une façon plus actuelle, et refaire mon effort avec une expérience qui m'a manqué, Vous êtes désigné.

Les quelques hommes qui s'assemblèrent, un jour, dans la crypte de Montmartre savaient-ils fonder une des grandes puissances occidentales : la Compagne de Jésus ?

On ne présume ni l'écho d'une parole, ni l'aboutissement d'une entreprise : il suffit d'en bien percevoir la hauteur et la beauté. La véritable illumination ne s'arrête pas même au mérite des œuvres.

Rien ne se crée, rien ne se perd : nul n'a jamais

connu sa vraie part, initiale ou décisive aux plus grands changements. Le petit peuple boër a tué le prestige formidable de l'Angleterre, et Krüger donne aux empereurs une magnifique leçon. Même en religion ce vieillard très auguste est plus près de Dieu que Léon XIII.

La Norme refait sans cesse l'harmonie troublée par nos désordres. Agir, n'est pas le verbe de toutes les heures : on se trompe sur la manière et le moment. Etre prêt, voilà le devoir, et comme l'attente peut durer plusieurs générations, il faut penser qu'on ne réalisera, peut-être, qu'en la personne de ses disciples.

Les Templiers exterminés, l'inquisition torche en main, tout semblait fini pour la Gnose : et voici qu'un fidèle d'Amour survient qui fait de la doctrine condamnée un des bréviaires de l'Occident ! Dante a vengé Molay, et le stupide Louis XVI paye la dette de Philippe, comme Pie IX a payé celle de Clément.

Les guerres de l'idée sont des guerres de mille ans : et l'office du chevalier paraît aussi bien à une longue garde qu'au combat. Dans cette veille je ne souhaite point de meilleur compagnon que Vous, mon Cher Boissy. Jusqu'au moment où chacun se rangera sous la bannière de son or-

dre, il n'y a qu'un ralliement : la Croix et qu'un Maître, notre inneffable Seigneur vrai Dieu et vrai homme, Jésus, dont le nom soit uuiquement convoqué.

Votre ami,
SAR PÉLADAN.

Mai 1901.

TRAITÉ DES ANTINOMIES

I

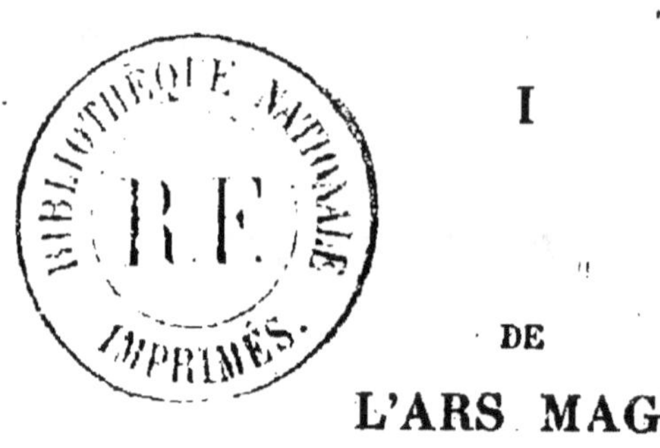

DE

L'ARS MAGNA

A

DESCARTES, KANT ET HÆCKEL

« Jamais, peut-être, un auteur n' a concentré en moins de place plus de choses et de plus grandes! »

L'édition Hachette, œcuméniquement pédagogique, présente ainsi le *Discours sur la Méthode* de René Descartes, dont voici les quatre règles:

« Ne recevoir jamais aucune chose pour vraie que je ne la connaisse évidemment telle. » Parole de chrétien, elle est hardie et vaut le bûcher ; le libre examen n'a pas dit autre chose : si d'un philosophe, elle devient banale, elle ne prend du mérite que par sa date et son écho qui fut extrême.

L'ampliation ne la relève pas : « Eviter la précipitation et la prévention. »

Si réfléchi et appliqué que soit un esprit, il ne

trouve pas son critère en lui-même, et Descartes n'en fournit aucun.

Le second point consiste à diviser la difficulté en autant de parcelles qu'il se pourra ; fatal chemin vers l'analyse infructueuse.

La troisième règle, de commencer par les objets simples et connus, celle-là qui est bonne, appartient à Bacon, à Lulle. Enfin viennent, le dénombrement entier et la revue générale.

Le doute méthodique ne représente qu'un exercice : l'investigation tend à la certitude et s'y achemine par des étapes, sans douter ni croire ; le doute n'a de sens qu'en opposition au dogme religieux.

Le philosophe ne croit pas ; il sait ou il ignore, pour des raisons bonnes ou mauvaises. Du moment que la croyance paraît, le domaine change.

« Je pense donc je suis » exprime-t-il l'état de conscience ou celui d'abstraction ?

Descartes confond l'âme et l'esprit, le sentiment et l'idée, le sensible et l'intelligible, il suit l'errement catéchistique.

Sa conception de l'homme est dualiste ; et de sa psychologie faussée ne sortira aucune lumière. Comment éclaircirait-il une matière dont il confond les parties ? L'homme étudié en binaire équivaut à disserter sur une trinité en deux personnes. Cette erreur considérable, que reproduit l'enseignement universel, a ses racines dans le simplisme du prêtre. Sa somnolence métaphysique, sa crainte de troubler une hiérarchie de caserne où la discipline terrasse le mérite, dispersent le génie et ne tolérent que la servilité et parfois le miracle, quand il amène de l'or aux sacristies.

« Ne touchez pas aux couronnes » disait Platon. L'admiration ne décerne pas des palmes sans nombre ; elle s'épuise aisément et n'offre plus que de l'indifférence aux mérites trop tard révélés. Boileau croyait Molière supérieur à Racine ; et cette opinion a pris la plus grande consistance, sous l'obscur travail d'un syndicat d'acteurs nés Mascarille, paresseux, sans étude ni moyens. L'Université n'hésite point à dire Platon, Aristote, Descartes, ce qui équivaut à Michel-Ange, Léonard... et le Guide.

La géométrie, la mathématique ont embarassé Pascal, malgré son génie, et impedimenté Descartes étrangement. On a cherché une méthode dans les sciences : elles ne donnent qu'un point d'appui et attendent de la métaphysique, la règle d'investigation. Spinosa lui-même, qui, aussi, travailla dans un poële, présente sa doctrine à un état inassimilable, par l'abus de formes théoremiques.

Le *Discours sur la méthode*, malgré que les universitaires y découvrent la prose d'un Corneille est une langue sans-relief, aux mots incolores, à la phrase incertaine, à force de relatifs accumulés.

« Nous devons tout à Descartes, jusqu'aux armes dont nons le combattons. » Ainsi parle d'Alembert, qui ignorait, comme Descartes lui-même l'histoire de la philosophie, ses grands auteurs ; comme le recteur actuel de l'Université ignore Lacuria et Eliphas Lévi.

Ce n'est donc pas, pour son importance intrinsèque, que je mentionne ce morceau, mais à cause de sa scolarité. Pour convaincre l'archevêque de Paris de nullité, on citera le catéchisme de son diocèse : or le « discours » est le catéchisme des honnêtes gens depuis trois siècles, de ces honnêtes gens qui sans sourire, et comme valable, mentionnent, à côté du suffrage de Port-Royal, celui de cette merveilleuse commère de Versailles que fut Mme de Sévigné.

Confus, sans ordonnance, mêlé de satire et de scientifisme incertain, ce discours ne semble pas un texte *sacré* de la philosophie ; et à côté de *l'évangile de St Jean*, des *Vers Dorés*, de la *table d'Emeraude*, on cherche, sans le trouver, le mystère expliqué en ces pages mornes, sans clarté, où le style du temps plein d'indigences et de lenteurs est au pire pour la compréhension, avec un vocabulaire pauvre, à force de généralité.

Les pédagogues ont choisi ce livre, il le faut accepter comme démonstratif, que la philosophie n'a de hauteur qu'en certains esprits rares, ailleurs son enseignement n'est que gynmastique et mémoire. La personnalité de Descartes me paraît aimable, presque admirable : on n'est pas plus honnête homme, droit et sincère, et de meilleure grâce, en matière ardue. Le respect inspiré par une telle âme est sans borne : auprès d'elle, les meilleurs de ce temps sont grossiers et détestables : mais cette beauté d'âme apparaît dans la belle famille d'esprits du grand siècle, de Descartes à Massillon, de Corneille à Bossuet, de Pascal à Racine, ce sont des cœurs de justes, disciplinés, saints : Port-Royal est une date, dans l'histoire de l'âme humaine et chrétienne. Je les canoniserais enfin et le nimbe leur est dû : mais ces purs étaient-ils des flambeaux ? Oui, pour leur temps et par leur exemple, seulement. Si, omettant la personnalité de Descartes, je cherche sa lumière, je ne vois rien, que de faible et de médiocre.

« Quand et comment connaît-on qu'une chose est vraie ? »

On ne doit signaler une lacune, qu'en la comblant.

Une chose est vraie, que les plus hauts des hommes ont tenue pour telle, unanimement, universellement, partout et toujours.

L'histoire présente un indéfini proces-verbal d'expérience.

Si je réunis, sur une question, l'opinion de Descartes, de Gassendi, de Malebranche, de Port Royal, de la Sorbonne, de Bossuet et de Pascal, le point où ils seront d'accord, sera vraiment l'opinion de l'époque. Ajoutant aux traditions pythagoriciennes les énonciations de Platon, j'aurai, certes, le meilleur de la pensée grecque.

En me plaçant sur le terrain expérimental, je suis en droit de donner comme la loi même de la métaphysique cette assertion :

L'unanimité des génies est la base de la véritable opinion.

La Grèce était polythéiste, l'Islam est monothéiste, le Christianisme a la Trinité et la Perse l'Amphithéisme : l'unanimité est pour la Divinité. La morale diffère d'Athènes à Paris, mais Athènes et Paris sont d'accord sur l'importance de la morale.

Le premier critère sera donc donné par le concile vraiment œcuménique des génies. La division de la difficulté n'en est que la multiplication : il n'y a qu'une règle : la réduction à l'unité et non l'extension à la multiplicité.

Etudiant un système, irai-je chercher ses points extrêmes et les plus divergents ?

Je prendrai son médian, sa dominante. Pascal a mieux dit et plus bref et net. Descartes attribue à sa raison beaucoup trop de sûreté; le thème de son doute systématique ne vaut rien.

L'erreur des sens ! Il n'y a pas d'autre vérité que la sensation : si, obsédé, je vois des fantômes, il importe peu qu'ils existent ; que mes sens soient malades et faussés, je vois par eux et leur témoignage est absolu. Je me sens malade, je le suis, malgré l'avis de la faculté.

Un point où je peux les critiquer, c'est lorsque je parle au général et que je risque de donner mon idiosyncrasie comme *sensus commune*.

La pensée n'est pas identique à l'être, pas plus que le génie n'est identique au métier.

La pensée est une aptitude plus rare que les autres, intermittente.

Peu d'hommes ont pensé, depuis qu'il y a une humanité, et les grands penseurs ont pensé rarement. Même chez un Platon, l'état de pensée est exceptionnel et non permanent.

Si nous interprétons pensée par conscience, cette faculté en puissance dans l'espèce humaine souffre de l'exception ; les uns ont peu de conscience, faute d'évolution, les autres l'ont pervertie, par excès d'involution. La conscience d'un paysan et la conscience d'un boulevardier présentent deux types l'un rudimentaire, l'autre corrompu. Écartant l'idée de perfection et de morale, acceptons le phénomène de la conscience comme distinctif de l'humanité.

« Voyant que je pouvais feindre que je n'avais aucun corps et qu'il n'y avait aucun monde ni aucun lieu où je fusse, mais que je ne pouvais feindre pour cela que je n'étais point. » Comment cette feinte est-elle possible ? la conscience résulte de la confrontation avec l'extériorité. Nul ne se conçoit hors d'un corps, et d'un lieu : l'idée pure de l'être s'appelle illumination ; « au lieu que si j'eusse seulement cessé de penser, je n'avais aucune raison de croire que j'eusse été. » Quelle rigueur exiger d'un langage tel que celui-ci : « J'étais une substance dont toute l'essence n'est que de penser et qui pour être n'a besoin d'aucun lieu. » Ici, c'est manifestement de l'esprit et de la faculté d'abstraction qu'il s'agit.

La clarté du raisonnement qui suit est vive : de son impuissance et de son imperfection, Descartes découvre l'idéalisation, apogée de la conscience, c'est-à-dire la faculté de concevoir une idée en face de chaque réalité et d'attribuer à cette idée, une réalité éternelle ; il dit que pour beaucoup « ce qui

n'est pas imaginable paraît inintelligible » et il relève l'assertion aristotélique, mais elle est incomplète. Le sensible n'est pas le générateur de l'intelligible mais son substratum ; il n'y a rien dans l'esprit qui ne soit réel, existant ; mais la réalité n'est pas
limitée à nous. Il y a du réel, au-dessus comme au-
dessous de nous, et autant ; l'être déploie ses séries,
aussi haut spirituellement que nous les verrons
descendre en physique. Car l'homme ne peut s'estimer que le commencement de la spiritualité puisqu'il est la fin de la matière. Pour comprendre le
peu de valeur du *Discours sur la méthode*, il suffit
de savoir que Descartes se proposait ceci :

« Projet d'une science universelle qui puisse
élever notre nature à son plus haut degré de perfection, plus la Dioptrique, les Météores et la
Géométrie, ou les plus curieuses matières, que
l'auteur ait pu choisir pour rendre preuve de la
science universelle qu'il propose, sont expliquées
en telle sorte que ceux même qui n'ont point étudié, les peuvent entendre ».

Personne ne lira plus la Dioptrique, la Météorique et la Géométrie de Descartes. La dispersion
de cet esprit s'accuse ; il avait rêvé un *Ars Magna*,
ni plus ni moins que le Bienheureux Raymond
Lulle.

« La métaphysique considère les choses qui sont

hors de l'âme ; la logique les considère suivant l'être qu'elles ont dans l'âme. L'art démonstratif ou méthode n'énonce aucun principe, mais enseigne à les trouver.

Nous avons salué la belle honnêteté de Descartes, mais ce sage méditant dans son poêle fait petite figure à côté du prodigieux franciscain qui avait vu, au XIIIᵉ, le danger de l'Islam et l'eût conjuré, si les papes et les rois s'étaient laissés convaincre. Lulle est à la fois un saint et un métaphysicien, un mage pour la doctrine, un martyr orthodoxe quant aux actes.

Il avait écrit un traité de l'Immaculée-conception avant le plaidoyer de Duns Scott et, n'est que bienheureux, tellement le Vatican déteste le génie. Nul n'a eu l'idée, à la promulgation du nouveau dogme, de canoniser son premier proférateur. Lulle était fidèle d'amour ; Nicolas Eymerie publia une bulle de Grégoire XI contre lui, mais le concile de Trente fit rayer ses livres de *l'index* cela est honorable pour cette assemblée qui a promulgué l'identité des deux testaments étourdiment.

Ce sénéchal de Jacques d'Aragon qui poursuivait une femme jusque dans l'église et mourut martyr, eût été un Boudha en d'autres lieux : Comme le Sakya, il conçut sa réforme au pied d'un arbre et il lui sembla que les feuilles portaient des caractères de toutes les langues, symbole de son ardent prosélytisme. L'*Ars Magna* fut accueilli des rois et des papes, l'auteur le professa à Montpellier et reçut patente du général des Franciscains, d'enseigner dans tous les monastères de l'ordre, à Naples, à Paris.

Lulle est le seul chrétien qui ait converti des musulmans et pour qui a voyagé en terre islamique, c'est un singulier prestige.

Approuvée de Philippe-le-Bel et de Rome même, la méthode Lullienne ne fut arrêtée que par les jésuites et Descartes. Raymond de Sebonde, Alstedius montrent, dans leur discipulat, la voie où Bacon s'est illustré.

L'Art compendieux, pour rechercher la vérité ou le *Grand Art et Majeur*, est le grand jeu du syllogisme facilité par des diagrammes! art analogue aux cartes métaphysiques de Mantegna, Tarot explicatoire au lieu que l'autre est divinatoire.

Le Tarot se repère sur le Kabbalisme des nombres; le grand Art manque de légitimation pour ses termes numériques : moins rigoureux que la table de Pythagore ou que la machine à calculer de Pascal, c'est encore une méthode admirable pour les intelligences moyennes et le commun usage. En cinq minutes, un prédicateur, ordonnancera

les lieux communs d'un prône. Le P. Esprit Saba-
tier dans son *Idealis ombra sapientiæ generalis* a
été le dernier Lullien, non le moindre.

La conception de déterminer, a priori, les combinaisons de la pensée n'est ni absurde ni difficile, si on motive leur nombre.

Lulle attribue neuf modalités a l'être: Dieu
l'ange, le ciel, l'homme, l'imagination, la sensibilité, la végétativité. l'élémentation, l'instrumenta-
tion. Un autre cercle comprend les attributs, un
troisième les reproduit en relativités : *bonitas* devient *bonum, magnitudo*, devient *magnum :* le mouvement de ce dernier cercle place l'attribut sous les
sujets des deux premiers. L'opération suivante analyse les attributs en les considérant selon neuf modes de l'être : différence, concordance, contrariété,
principe, milieu, suprématie, égalité, infériorité.

Une autre figure donne toutes les combinaisons des neuf modalités prises deux à deux.

Enfin, et là, Lulle eut du génie, la quatrième roue
combinant les trois autres recherche le moyen
terme, par les mouvements des trois cercles concentriques qui donnent autant de syllogismes.

L'art Lullien, fils de l'Aristotélicien n'est, comme
lui, qu'un outil, mais admirable soit pour l'éducation, soit pour la pratique.

L'écrivain d'une monographie approfondie ne

se documentera pas dans le Larousse, l'homme pressé et peu cultivé y trouvera ce qu'il lui faut. Ainsi le grand art est à la parole religieuse ce que l'Organon est à la philosophique, un moyen de mise au carreau instantané qui intéresse tous ceux obligés à parler souvent et d'une façon dogmatique. Il n'y a pas de curé à qui le grand art ne rendît les meilleurs services. Dans le mouvement occultiste de 1884 à 1890 nous avons tous beaucoup battu les tarots ; et que de fois, par une action trop longue à analyser, les vingt-deux arcanes ont donné, par association d'idées, des clartés imprévues et précieuses.

Kant eut un moment de désordre dans ses idées lorsqu'il ne vit plus un peuplier qui occupait ses yeux, dans la méditation : les tireuses d'aventures ne savent pas le sens des arcanes mais elles en reçoivent un influx qui les dispose à deviner.

Le syllogisme n'est qu'un battage des clés intellectuelles et la cartomancie un syllogisme pour l'animique, comme l'antinomie est un mode instinctif de la cogitation. Il n'y a aucun irrespect en ces confrontations, la méthode n'a de prestige que son résultat ; la meilleure route est la sûre, la courte, qui mène où l'on veut aller.

« J'ai conquis le ciel » dit l'astronome, et dans l'âme du simple, la multiplicité des mondes et surtout des humanités désoriente sa foi ; le Dieu trop abstrait, le non être de la spéculation philosophique paraît trop insaisissable au cœur humain : la science ouverte à tous, sera le ciel fermé à la plupart. Le moyen de prier l'incognoscible ! Aussi les modernes philosophes ont ils moins de vraie morale que l'artiste. Avant de se faire un nom, pensent-ils au bien positif des âmes ? Vivre de leur rêve, possédés par la parcelle d'absolu qu'ils croient tenir, ils font de stériles systèmes et les proposent à la place des vieilles et séculaires machines qui ont fait leur preuve, par les chefs-d'œuvre, les miracles et la beauté des annales.

Il n'y a pas de système si faux, de religion si nationale qui ne puissent se modifier et sans être ruinés, recevoir des tempéraments heureux. Les doctrines deviennent des passions : chaque époque détruit pour exercer sa mentalité à reconstruire. Il faut plus de vrai génie pour corriger une institution que pour en fonder une neuve, hasardeuse, instable. Dans ce domaine où la variété est un défaut, où on sacrifie la vérité à l'archaïsme d'expression, il est remarquable pour qui connaît l'*Ami* et l'*Aimé*, le livre *de Contemplation* et *Blanquerna*, qu'on trouve dans le rituel : en *1566*, « *Raymondus, pretiosa laudis, abundus, doctor profundus regnat sine fine jucundus et collauda-*

bunt multi sapientiam ejus, usque in sæculum non delebitat nomen ejus.

Dans aucun séminaire on ne parle de Lulle, Descartes l'a supplanté ; après l'Encyclopédisme, Kant père des antinomies est venu désordonner la métaphysique, jusqu'au jour où les physiciens ont attaqué la philosophie et la religion, pour les spolier.

Ainsi cette matière suréminente, après la cangue syllogistique, a subi le déterminisme du physicien : opprimée par la géométrie et la mathématique, elle éprouva le poids de l'anatomie. De quelques lois zoologiques, on tira des négations de tout l'homme et du ciel : l'immortalité de l'âme fut jouée sur la côte du singe et le pouce de l'homme : on enseigna que l'humanité a ses ancêtres parmi les primates, gorilles, orangs et chimpanzés, sans souci des ravages que ces assertions allaient produire dans les mœurs.

En un même demi-siècle Lamartine, a dit :

L'homme est un Dieu tombé qui se souvient des cieux,

Haeckel : « L'homme est un singe évolué qui a oublié ses forêts ancestrales. »

Sur le dire du poëte, la morale s'affermit, la vertu germera : l'assertion du savant ne peut former, que de systématiques criminels, des scélérats conscients et lui le formulateur apparaît un inconscient et le plus bas, qui tue des millions d'âmes pour mettre son triste nom à la place de la vérité. L'usurpation est le phénomène caractéristique des décadences : la religion veut devenir philosophie et la philosophie religion.

Le 9 octobre 1892, à Altenbourg, avec force salamalecks au couple grand ducal Charles Alexandre, *Rector magnificentissimus* de l'Université de Iéna, le savant Haeckel inventa et promulgua une fusion de la religion et de la science qui s'appelle le *Monisme*.

Le titre est beau et servirait à la pure vérité, l'unité étant la conception divine par excellence. Mais comment la conçoit-on dans la soixante-quinzième année d'une société de naturalistes ? En confondant Empédocle, Lucrèce, Spinosa, Bruno et Lamarck et Strauss.

D'abord paraît l'anthropopithèque, apparenté aux pithècoïdes ; et on nous parle de douze races d'hommes et que l'histoire a été faite par les Méditerranéens et les Mongols ; ce qui exclut les Indous, les Perses... En contestant l'histoire aux gens du Gange et de l'Euphrate, on attribue la religiosité aux animaux, en souvenir des corbeaux d'Élie, des lions de Daniel, de l'ânesse de Balaam et de la mule du Pape. On pourrait invoquer l'oiseau de Siegfried, et méditer sur l'histoire de

Jonas et de la baleine à l'estomac respectueux des prophètes.

La rigueur d'expression, dans ce discours, est telle, que le dualisme de Platon et de l'Eglise s'y définit « une séparation de substance entre Dieu et le monde » ? Vraiment, est-ce la peine que les gens d'analyse fassent de si grands procès à ceux d'imagination, pour confondre cause et effet, en identiques, et donner le même nom, à l'être et à son ombre ?

Malgré qu'il soit physicien et allemand, et docteur, Haeckel ne s'est point informé des textes qu'il invoque, notamment du, « dogme géocentrique fondé sur la Bible » : sur la version ignare du protestantisme allemand » devrait-il dire ! Le traducteur parle de l'antinomie de la science et de la Bible : ce qui est équivalent, à l'antinomie de *l'intermezzo* et du Manuel Roret : des prêtres outre-cuidants et paresseux ont voulu, même avec le glaive, s'imposer sans science et sans vertu, cela permet-il de calomnier le rédacteur du Bereschit ? L'inquisition a incarcéré Galilée, mais l'inquisition est la honte et la négation de l'Église ; et il faut être exclusivement physiologiste et professeur à Iéna, pour écrire cette monumentale assertion, digne de Bouvard et Pécuchet : « Il est permis de se demander si dans un avenir peu éloigné, les masses chrétiennes n'iront pas à *l'Islam* ». Haeckel trouve dans l'Alcoran « une sorte de déterminisme bien semblable à celui de la science ». Quant au préfacier, digne servant d'une telle messe noire, il conclut le prologue par ces mots, à noter pour le clinicien aliéniste « le savant est l'avatar partiel de Dieu » — « Le savant à la conscience totale, serait Dieu pensant. »

La conscience totale doit avoir son reflet dans le Monisme qui place Dieu « au fond du cosmos comme esprit moteur » Nier Dieu, soit ; mais le localiser et lui assigner une fonction, c'est narguer le lexique, au point d'anéantir toute certitude d'expression. Concevoir Dieu comme intrinsèque au cosmos, c'est violer des termes ! La cause n'est jamais intrinsèque à l'effet, surtout la cause première !

Rééditer le « rien ne se crée, rien ne se perd » et l'atomisme de Démocrite, ne permet pas de réduire le phénoménisme à de la mécanique moléculaire.

Quant on fait des découvertes qui traînent dans deux mille ouvrages, de Guttenberg à nos jours, on devrait citer quelqu'un et ne pas se parer, par cet emprunt : « l'éther produisant par sa vie propre comme modalités, les phénomènes de chaleur d'électricité et de magnétisme. » Cela court les quais en in-12 basane, et d'Agrippa aux derniers disciples d'Éliphas, cela s'appelle « le pont aux ânes de l'Occulte »

Au-dessus de toutes les autres conquêtes de l'esprit humain, Haeckel place la théorie de l'évolution, cette moitié de la vérité, ce volet d'un dyptique ; et son expression se charge d'impériosité : « sous la direction assurée des trois sciences, paléontologie, anatomie comparée et ontogènie, s'installe la phylogénie. « Au bas du métazoaire, les gastréades et les spongiaires » mènent à dire, que l'homme est mammifère pithécoïde. L'importance incalculable de cette conclusion va lui faire annuler d'un trait la métaphysique. « L'âme est la somme des fonctions psychologiques, mais les protistes unicellulaires possèdent une âme constituée, *d'idées* et de *volonté*. » Les idées du protiste, même unicellulaire ! Quel langage et que signifient les mots, dans une telle énonciation !

« La psychologie est une partie de la physiologie.

La conscience devient une fonction du système nerveux central, un travail mécanique des ganglions, un processus du plasma !

Il n'y a qu'un degré d'évolution qui différencie l'homme, de l'animal.

L'immortalité s'appelle la conservation de la substance.

Le professeur allemand est d'une telle ignorance hors de sa spécialité, qu'il ânonne : « C'est par Platon et par le Christ, que fut développé le dogme de l'immortalité de l'âme personnelle. » Il fonde la morale sur l'anthropologie : mais il faut citer textuellement : « tu dois aimer ton prochain comme toi-même : cette maxime nous a été transmise héréditairement, comme instinct éthique, par nos ancêtres animaux : le devoir social existe dans les bandes de singes. » L'amphithéisme s'accorde mieux que le monothéisme avec une explication rationnelle du monde : nouvelle découverte du naturaliste. Cet évolutionniste déclare qu'un Dieu parfait aurait fait un univers parfait, sans réfléchir que cette imperfection est la loi même de l'évolution : et que le parfait engendrant le parfait serait la négation de l'univers.

La fiction de la bonté de Dieu et de sa Providence a été anéantie par l'œcologie, la parasitologie et la pathologie. Le professeur, dans son sectarisme ne dédaigne pas le langage des rues, quand il parle des « trois bons Dieux personnels, » ni la mauvaise foi, en citant Giordano Bruno : « Un esprit se trouve dans toute chose ; et il n'y a pas de corps si petit, qu'il ne contienne quelqu'une parcelle de la substance divine dont il est animé. »

Cette phrase ne lèse pas la vraie foi ; on peut dire a propos d'un beau marbre que la beauté circule comme une vie, dans la statue ; et il n'y a pas de fragment qui ne contienne une parcelle de l'inspiration créatrice qui le conçut. La coquille et le caillou nous suffiraient à induire même les anges, si nous avions assez d'application et de force dans l'esprit.

Appeler Dieu la somme des forces atomiques et des vibrations de l'Ether ; compromettre Spinosa et finir sur « Plaise à Dieu, esprit du Bien, du Beau et du Vrai », c'est avoir un cerveau mal fait et passer par ignorance, d'une matière à l'autre. L'Atomisme ne représente aucun abstrait et si cet univers est l'imparfait comment enferme-t-il, en lui-même, l'idéal ?

Au Moyen-Age et à la Renaissance, les théologiens ont envahi sans mandat ni compétence, le domaine scientifique ; de nos jours les naturalistes, à leur tour, sans mandat ni compétence, franchissent les bornes de la métaphysique, en barbares et prétendent tirer de leur laboratoire le nouveau Dieu que leur étroitesse a conçu.

A notre image, toujours, nous décrivons l'idéal, et le professeur qui s'insurge contre l'homothéisme (sans savoir qu'on ne fait pas de mots composés, en les tirant de deux langues) édicte le doctodéisme, ou didascalothéisme, c'est-à-dire la conception de Dieu d'après le physicien.

N'est-ce pas un signe de faiblesse cérébrale, de n'attribuer à la Cause, que la misérable activité dont on est capable ; de nier l'activité qui n'est pas notre ; et comme un pharaon usurpateur, de marteler le cartouche des philosophes, pour y graver son petit nom de naturaliste.

Le procès de Galilée reste une tare de l'Eglise, l'attentat de Haeckel sera un déshonneur, pour la science de ce temps.

La science, ainsi conçue, n'apparaît qu'une profession mesquine, une basse coterie, un syndicat sinistre, un parti, une bande !

« Nul n'aura de raison que nous et nos amis. »

Le formidable catholicisme gêne ces pauvres esprits appliqués seulement au monde inférieur : mais le clergé n'a plus le génie et la science, qui confondent l'imposture. Il a tant eu recours au bras séculier, qu'il a oublié comment la charité s'exprime ; et le professeur, le patenté de la science ne sentant plus au-dessus de lui, le pouvoir spirituel, complote d'usurper ce pouvoir : et un physicien allemand énonce une religion, entre collègues, après boire.

Le clergé sortira-t-il de sa paresse torpide, le savant daignera-t-il subir le discours d'un émule sans diplôme ?

Qu'importe ! La métaphysique, en dépit de prêtres ignares et de professeurs insolents, restera, tant qu'il y aura des bibliothèques, la matière la plus haute où l'homme se puisse efforcer : et qui y aura parlé clairement, c'est-à-dire sans scolastique, y trouvera l'incomparable honneur de s'être inscrit parmi le petit nombre des penseurs, qui sont après les théurges, les dignitaires de l'esprit humain.

L'égalité promulguée, dans les institutions latines, implique l'anarchie philosophique.

Depuis un demi-siècle, la France n'a plus de traditions et n'a pas trouvé d'illuminés.

Quant à la méthode politique, elle ressemble à une sophistique d'agents d'affaires.

On appelle « hommes de gouvernement » une catégorie d'administrateurs qui repoussent officiellement l'abstraction, l'idéal même, comme une songerie oiseuse : les opinions ne manifestent plus que des intérêts immédiats et étroits.

L'idée n'est pas la phrase de l'écrivain ou la période de l'orateur. Elle s'incarne, devient passion; et, active, elle crée des communions c'est-à-dire des forces : ce sont ces forces qui déterminent le destin. Un peuple, un homme ne sont qu'une idée vivante.

II

De l'Antinomie

L'écrivain de langue française, s'il oubliait les instincts de la race latine, n'aboutirait qu'à la méconnaissance de son œuvre et de ses intentions.

Qui n'est pas commis à l'administration des Beaux-Arts doit se taire en esthétique, et celui qui n'appartient pas à l'enseignement n'a aucun droit à présenter aux lecteurs un produit que ne garantissent ni marque, ni médaille.

Il serait donc absurde, sauf à un surnuméraire de l'instruction publique, de parler de métaphysique et d'écrire surtout ce mot de traité, préjudiciable à la corporation qui vit de cette matière. Ceci ne portera aucun préjudice à la librairie classique ni aux privilèges des professionnels.

Reprenant la métaphysique, telle que Kant l'a laissée, inextricablement embrouillée je vais m'ef forcer de la rendre précise, simple et acceptable aux bons esprits, habitués à penser et à prier, sans routine.

L'Antinomie est la contradiction des lois de la raison entre elles : ou mieux, l'antinomie est le manque d'un rapport exact entre deux lois rationnelles : en ce cas, l'antinomie dépend du philosophe et non de la philosophie. L'antinomie a un caractère idyosincrasique, car là où elle apparaît, elle s'incarne.

« Elle se produit à la limite de l'expérience, quand nous voulons savoir de l'univers quelque chose d'absolu : car notre intelligence n'atteint que le phénomène. »

La certitude n'a qu'un caractère, la satisfaction intellectuelle ; il est oiseux d'ambitionner une notion absolue sur l'univers ; la recherche ne doit porter qu'à satisfaire notre propre notion de l'absolu.

Le phénoménisme animique ou cérébral a une réalité égale à celle du Cosmos.

Les quatre antinomies sont faciles à résoudre.

1° Le monde éternel et infini ou le monde transitoire et limité ?

L'homme est à la fois éternel par l'esprit et transitoire par le corps : car l'homme est l'abrégé du monde, le microcosme. Donc, le monde, comme l'homme, est à la fois éternel en puissance et limité en fait : son esprit est éternel, son organisme passible.

2° Le monde est composé de substance simple ou bien il n'y a que des substances composées ?

Il y a unité principielle, au point initial de la vie et la composition est à proprement parler, une simple modalisation ?

La vie se montre sensation dans les organes, âme dans le sensible, esprit dans l'intelligible.

L'homme est donc composé et simple à la fois.

3° Audessus des phénomènes, une cause libre ou bien les lois aveugles de la nature ?

En quoi le pouvoir central infirme-t-il les délégations locales ? Une cause esclave ou libre ? Une cause étantà la fois nécessitée et nécessitante n'est point libre, elle est causante. Une cause n'est qu'une loi-mère, synthétique et permanente. Je ne comprends point l'aveuglement d'une loi : une loi n'est pas susceptible de délibérer, de discerner, de choisir. C'est le législateur qui a discerné, choisi : la loi est, dans la nature, équivalente à la maréchaussée, seulement exécutive.

4° Il y a un être suprême nécessaire, ou bien il n'y a que des êtres phénoménaux ?

En quoi, l'Être suprême gêne-t-il la conception des autres êtres, quelle qu'en soit l'épithète ? Il y a dans l'homme : un être philosophant qui s'étudie à la sagesse ; un être conscient qui résiste à ses passions ou les juge ; et un animal qui boit et mange. En quoi la pensée de Platon est elle antinomique à la faim et la soif que pouvait éprouver ce philosophe ?

Dans le domaine pratique, les antinomies sont encore plus bizarres.

Nous concevons l'identité de la vertu et du bonheur et le spectacle de la vie sociale dément cette notion par l'éxpérience.

Le pauvre philosophe en est réduit à l'assertion théologique de la vie future : ce n'était pas la peine de tant discourir, pour arriver si court. Des écrivains peu prisés comme Azaïs, ont trouvé mieux.

Laissons de côté le cancéreux et tel cas d'injustice du sort, comme on dit, ou de détresse effroyable, prenons en bonne philosophie, le plan plus général.

Quel est l'homme, je ne l'ai pas encore trouvé, qui voudrait devenir un autre ? Certes, on voudrait la fortune, la santé, le sceptre, la maîtresse ou le cheval d'un autre, mais non pas être celui-là.

Tels que nous sommes, nous nous aimons, d'un amour formidable, en Dieu, en autrui, en contingence ou en abstraction : mais nous n'aimons que nous, et le suicide n'est qu'une pitié pour nous-même, une indignation contre la vie. La pénitence apparaît une ardeur, la plus ambitieuse de toutes, de nous incorporer à la Divinité, par le désir. Moralement, la vertu et le bonheur sont identiques : la tempérance garantit la santé ; l'économie la fortune ; la bonté, l'âme même, des heurts de la vie.

L'identité de la vertu et du bonheur est si éclatante que parmi ceux qu'on a connus, intimement, pas un n'échapperait à cette formule.

L'homme social ne se perd presque jamais par le sort, mais par ses penchants. Et de même, il se sauve toujours, par le côté de sa nature orienté vers quelque vertu, même mineure : application, patience. Supposons que la Croyance ne soit qu'une imagination, l'âme mortelle, le ciel vide et enfin la religion et la philosophie, des rêveries sans objet ; les inventeurs et les sectateurs de l'au-delà ne resteraient-ils pas, par leur puissance d'esprit, leurs mœurs admirables, la bénéficité de leurs exemples, les Supérieurs de l'humanité ? Et celle-ci, rejetant l'idée de Dieu, ne devrait-elle mettre sur tous les autels, ces mortels prodigieux créateurs de l'autre monde.

Même pour l'athée et le positiviste, par les œuvres incomparables et les mœurs surhumaines, le croyant et l'illuminé garderaient dans la hiérarchie humaine la place qu'ils occupent, devant la foi et la civilisation.

L'Antinomie est donc plutôt un phénomène idyosyncrasique qu'une formule philosophique. Kant a posé les antinomies et n'a pas su les résoudre : voilà toute l'aventure.

Mais cette impuissance n'est que l'incarnation de l'esprit d'une époque, teintée au prisme d'une race. On oublie trop que le philosophe de Kœnigsberg admirait Rousseau, ce Génevois le dernier des esprits en métaphysique, quelque chose comme un Greuze prétentieux, analogue au Greuze des scènes de famille.

La *Critique de la Raison Pure et Pratique* succède à l'Encyclopédie. Après des polissons, il fallait un régent : après des cerveaux qui n'étaient qu'impertinents et vifs, par réaction, on a suivi un confus et consciencieux visionnaire de la logique.

Si le *Discours sur la méthode* et la *logique* de Port-Royal sont d'une lecture pénible, Kant représente une torture : et son prestige vient, en effet, de l'inassimilabilité qui est le caractère de sa proféra-tion. On croirait par instant à une gageure : point, c'est un cerveau allemand qui s'entoure de nuées, car, qui a voyagé au pays de *Dürer* sait que l'allemand se passe d'oxygène et supporte des atmosphères à asphyxier un latin : de même l'indéfini et le nuage bas de leur pensée pèsent sur le génie du Rhin.

Toutes les choses simples ne sont pas vraies, mais toutes les vraies sont simples : équitablement, les religions, qui cependant expliquent pour la plupart le mystère d'une façon satisfaisante, sont moins obcures et compliquées que les philosophies.

Je défie qu'on fasse comprendre la jonglerie antinomique à un enfant qui reçoit sans effort le catéchisme. Est-ce parce que l'un est erreur et l'autre vérité ? Non, c'est parce que l'antinomisme est la rêverie d'un cerveau, sans contact avec une âme collective. L'inspiration individuelle, qui n'atteint pas la beauté, a un goût de mort et une couleur de poussière, tandis que le catéchisme est inspiré par la vie, pour la vie ; il a chaleur et lumière, n'eut-il pas vérité? Le philosophe ancien, tel qu'un Pythagore, un Aristote, un Platon ne se datait pas de lui-même ; le moderne est surtout un auteur, il veut être original ; et comme on ne crée pas la vérité mais seulement sa forme, il s'efforce à penser personnellement au lieu de bien penser, en suivant les Maîtres. Tous veulent moins servir la vérité, que la timbrer de leur personnalité ; ils ne cherchent enfin qu'eux-mêmes et ne donnent rien qu'eux au monde.

Les gens du Jockey-Club, les siffleurs de Tannhauser, à quel prix sont-ils heureux de leurs plaisirs de sauvages, la chasse et les sports ? Au prix de n'être pas pensants.

Les autres du pouvoir, guerriers ou ministres d'État, à quel prix exercent-ils un peu d'autorité ? Au prix de leur conscience.

Tous ceux, qui reçoivent de l'état social des grands bénéfices d'or, d'honneur, de suprématie, prostituent leurs facultés à satisfaire les passions d'une coterie immonde, sbires chamarrés à la solde d'une erreur ou d'un crime.

Otons à l'humanité ses vices, elle apparaîtra bien près du bonheur : car c'est l'absence de vertu qui vicie la génération, et donne un sang pesti-lencié : c'est l'absence de vertu qui crée l'accapa-rement des uns et la pénurie des autres : c'est l'ab-sence de vertu qui fait enseigner l'abominable idée de procréation à outrance.

S'il n'y avait plus, en ce monde, d'autre malheur que la tempête, la foudre et les accidents, il serait heureux : car il y régnerait une immense pitié, pour le petit nombre des déshérités de la nature.

Dans la voie inaugurée par Kant, la philosophie a eu des Stendhal, des Schopenhauer et ses grotes-ques dont Hartman, l'homme qui a écrit : « Je me servirai de l'expression *d'inconscient* pour exprimer l'identité de Dieu, de la substance et de la nature. »

On a beau nous avertir que dans une opération arithmétique 2 s'additionnera comme 8, et le 7 comme un 3, nous ne comprenons pas ce dérangement du langage. Faire le total d'une colonne de chiffres dont la valeur n'est pas fixe : il fallait un Allemand pour le proposer. Ce même faux penseur crierait à l'infamie, en lisant la démonstration de Lulle sur l'existence des Esprits :

« Nous savons par expérience, dit le catalan, que la sorcellerie existe, et puisqu'il y a un art de la nécromancie, cet art a un instrument, le mauvais ange qui conduit au but recherché par la volonté du nécromant. » A côté de cette erreur d'époque, brillent de singulières clartés : « le plein existe dans le vide, — comme le temps existe dans le mouvement et comme les rayons solaires existent dans un corps. »

Le Monisme n'est qu'un panthéisme de laboratoire, il y a longtemps que j'ai répété, après les grands maîtres de l'occulte :

« Il n'y a qu'un phénomène, le mouvement qui est la vie ; à l'état d'inertie ou de cristallisation, on l'appelle matière ; à l'état d'action ou de transition, il se nomme, force ou énergie. »

En remontant l'échelle des êtres et leurs stades, il y a le mouvement de l'âme et celui de l'esprit ; et la triplicité de ces trois forces enferme tous les rapports connaissables.

« Je suis, donc je pense » serait la correction nécessaire à la formule célèbre : car l'idée de l'être commence et finit la connaissance, avec son relatif d'accord, le non être.

Rigoureusement, l'homme ne peut se concevoir sans concevoir Dieu : car il se sent limité et ses limites constituent autant de rapports, sources sûres de son investigation. La tendance organique l'avoisine à l'animal ; mais sa conscience l'éloigne de la sensation, sans la nier. Au lieu de suivre son affectivité qui déjà est un exhaussement, il peut s'élever à l'Abstraction, c'est-à-dire à considérer l'Être non en lui, non dans le phénomène, mais l'Être en soi. Dès lors, la limite disparaît et la transcendantale notion paraît : l'Absolu.

Ce point conquis, le reste dépend de l'ingéniosité et des propensions.

Je m'efforcerai, au cours de ces démonstrations de ne pas laisser l'expression théologique, la vraie, se préciser, trop tôt.

A un public déshabitué du mystère, il faut montrer d'abord, un raisonnement, sans mysticité ; et que j'appelerais laïque, si ce mot qui désigne bien une tendance contemporaine avait un sens vraiment philosophique.

Telle vérité méprisée en sa forme consacrée, frappe, par une énonciation moindre mais appropriée au temps : et ici, il n'y a de nouveau que l'appropriation ; la doctrine est la plus vieille, la plus vraie. La contradiction des principes est un effet de paresse cérébrale, un défaut d'application dont on a fait une méthode.

On peut nier qu'il y ait des lois, non pas admettre qu'elle se contredisent : concevoir l'homme exclusivement matériel comme le monde, ou bien immortel ; non pas imaginer, qu'il y a conflit originel entre les Normes.

Tout est régi ou rien ne l'est.

Surpris par les événements qui nous frappent trop, pour se laisser scruter, la lassitude de notre esprit devient système, et si un marcheur harassé disait où il s'arrête : « voilà la fin de la route » il voudrait dire : « de la route que je peux fournir. »

L'Antinomie phénomène intellectuel, comme l'hallucination, manifeste un étrange état de l'esprit.

Tous parlent de la vérité, ils en veulent une qui soit à eux. La vérité idéique a si peu d'effet sur le bonheur ou le malheur de la vie !

Ceux qui étudient les religions, sceptiques ou éclectiques pèsent la pureté des concepts comme un orfèvre les carats de diamant. Ils croient bien juger parce qu'ils sont ainsi éloignés de l'état d'âme du fidèle. Lourde erreur, pour juger de la religion, il ne faut pas l'étudier à l'état intellectuel ; non plus, que pour connaître les fleurs, il ne convient de les regarder dans un herbier.

La science du cadavre enseigne moins que la vie ; or une doctrine doit être vivante et vivifiante. Ce qui augmente et purifie la vie intérieure est toujours vrai : ce qui la diminue et la trouble, est toujours faux. Les mœurs des païens étaient douces à Athènes et en cela le paganisme était vrai : le catholicisme fut féroce, sous l'hégémonie dominicaine et espagnole, et en cela il fut erroné.

Lulle voulait réduire l'antinomie suprême du dogme et de la raison, de la révélation et de l'expérience, mais le syllogisme ne pouvait réaliser son vœu : il fallait, énoncer cette simple loi :

« Les contradictions, entre les lois cosmiques et les phénomènes animiques, proviennent de l'ignorance ou de l'oubli d'une troisième loi, médiane aux deux autres. »

En d'autres termes : toute antinomie se résout par la loi de transition.

La quatrième antinomie de la raison pure dit « le contingent n'existe que par le nécessaire et le nécessaire n'étant pas dans la contingence ne peut y agir. »

Entre le nécessaire et le contingent, il y a une série d'activité où l'action du nécessaire s'involue presqu'à toucher la contingence elle-même évoluante.

Entre l'écriture de l'Organon pris pour type nécessaire ou divin et la naissance d'Aristote, il y a une série d'actions involutives : le Stagirite a eu une nourrice, a bégayé et puis a évolué, vers cette plénitude d'intelligence que nous admirons.

Ainsi l'action divine s'involue en esprits, en archées, en lois, en inspirations même ; tandis que la contingence, par la loi d'attraction supérieure, évolue en hauteur vers le nécessaire.

Après l'erreur de mettre en présence la physique et la métaphysique, il y a une autre source d'obscurité c'est de rejeter la formule de Saint-Martin, de ne pas prendre, pour étalon des mesures cosmiques, l'homme lui-même.

Le « Nosce te ipsum » indication d'ascétique et de morale, contient toute une méthode, celle qui a servi à l'antiquité et qui servira à la prochaine Renaissance : il ne s'agit pas pour l'homme de se connaître, mais de baser sa connaissance du monde sur celle qu'il a de lui-même.

Le Cosmos est corps, âme et esprit comme l'homme, sauf l'individualisation.

Il y a donc trois causes secondes : la physique que tout le monde a connue, l'animique que Crooks et de Rochas ont réaperçue, l'intellectuelle qui a sa figure dans les Egrégores.

Il est vraiment insupportable que la moitié de

l'humanité se fasse des règles avec des contre sens
de traducteur et lise dans le Béreschit cette stupidité que l'homme est à l'image de Dieu ; car Œlohim
n'est pas Dieu, mais les anges ; Iavhé n'a jamais
dit « croissez et multiplez, au premier couple, » pas
plus que Moïse, n'a mis d'arbre, de serpent, ni de
péché originel, ainsi qu'on l'enseigne.

Un thème antinomique, touché par plusieurs,
mais en esprit sectaire, est celui de l'opposition des
deux recueils de la Bible. Iéhovah père du Christ !
Iéhovah l'identique d'Allah, moins la métaphysique
et la pneumatique ; Iéhovah, aberration anthropo-
morphique qui n'a de l'homme que l'implacabilité.
Des centaines de millions d'intelligences, en partie
développées, se substantent indifféremment de l'É-
vangile ou de la Thorah, et ne trouvent aucune différence entre le Golgotha et le Sinaï : le premier réalise le second à leurs yeux ; et il n'est pas de détails
de la Passion que l'on n'ait trouvé déjà exprimé au
livre juif : ni d'aventure amoureuse d'Israélite qui
ne soit devenue une allégorie sacrée !

Subordonner la métaphysique à la morale, Kant
l'a tenté ; Nietzsche a pris le lyrisme pour de la
pensée, sorte de Byron à moitié cancre, Quasimodo
de la philosophie à la parole rageuse, qui a inventé
le surhomme, et qui est, justiciellement, tombé au-
dessous de l'homme ; esprit désordonné incapable

de méthode, qui a hurlé aux graves matières et vanté la puissance du fait contre l'idéal, reître déséquilibré, étudiant allemand enragé de barbarie et roulant des aspirations de force, comme un lutteur de foire, ses biceps.

Certes, la tabulature, lettre morte doit être écartée, mais il ne faut pas l'ignorer.

On étend une barrière, selon l'accroissement des idées ; on ne l'a détruit pas, sans pâtir.

La table rase est l'opération du va-nu pieds outrecuidant qui se flatte de mieux faire, en tirant de lui-même, l'équivalent de la tradition. Telle n'est pas la voie droite ; le vrai labeur intellectuel _ s'appelle revue, correction, addition, contextes, ampliation et surtout adaptation. Coordonner les idées entre elles et les présenter dans la plus grande unité possible, demande plus d'efforts qu'à une systématisation originale par l'excès même de l'erreur, qui flatte celui qui la conçoit et amuse le lecteur.

L'Antinomie devrait s'appeler une récréation philosophique, un artifice analogue à l'antithèse littéraire, si chère à Hugo.

Ce qui existe, est de Dieu ; le mal existe. Que nier ? la perfection de Dieu ou l'existence du mal.

Il faut définir Dieu et le mal, d'abord. Dieu est perfection ou il n'est pas ; le mal ne peut-être ni cause, ni fin ; nous ne le connaissons qu'accidentel. Un accident n'est qu'une modalité, et que savons-nous sur la légitime harmonie des modalités : ce serait un propos de femme de dire que le papillon diapré ne devrait pas commencer chenille et ver.

La mort est un phénomène aussi certain que la naissance : mais les meilleurs des hommes ont cru à la vie éternelle.

S'ils se sont trompés, d'où tirerions-nous plus de vérité ? Voyons ce qui peut mourir ? La mort est organique et l'homme a une existence spirituelle.

Les positivistes, résolus à ne pas s'égarer comme les mystiques se sont restreints au critère de l'évidence phénomenale, et physiciens ils ont supprimé les deux tiers du problème.

En appelant l'antinomie une résultante des lois rationnelles elles-mêmes, Kant a oublié que les lois de la raison sont inconnues.

L'antinomie résulte d'un défaut dans la définition des termes ; et l'Allemagne qui en art a le privilège de la laideur plastique, en métaphysique possède celui du terme lâche, indécis, indéfini ; or l'indéfini de l'expression est la pire ornière ou les professionnels pataugent, avec une joie de canards intellectuels. Kant a nié Dieu objectivement ; mais il l'a confessé subjectivement. Et la raison pratique accorde ce que la raison pure refusait !

Il dénie à l'intellection la conception de Dieu et il l'accorde au sens moral. Celui qui a dit : « que le mobile de tes actes puisse toujours être érigé en loi universelle par tous les êtres raisonnables » était un patriote qui croyait à l'hégémonie allemande.

« L'entendement ne parvient pas à l'essence, à la réalité des choses ; il se borne au phénoménisme, » cela s'appellerait aisément un truisme ; parvenir à l'essence, à la réalité principielle d'une chose, ce serait égaler le point intellectuel de la création même, et on peut définir Dieu par ces mots : l'essentiel, la toute réalité. Mais Kant veut dire que notre entendement ne saisit point les essences, il nie la faculté d'abstraction, pour présenter au monde un *Deus ex machina* du nom bien tudesque *d'impératif catégorique*. Celui-là chasse les abstractions, révèle la Norme et Dieu.

Si le confus penseur avait étudié les grands initiés de sa race, il eut dit simplement :

L'intelligence ne parvient à l'essence que par le mouvement de la conscience ; et la conscience ou vie animique détermine, par illumination sérielle, la nécessité de Dieu et de la Norme.

L'antinomie, correspond au dualisme en religion ; à Kœnigsberg on a ri, il n'y a qu'un siècle du legs moyenageux, Dieu et le diable ; et on l'a réédité en thèse et Antithèse, vérité et contre-vérité.

Si l'Antinomie ne résulte pas du vague des termes, si elle demeure, après une claire définition : comme toute proposition basée sur le bizarre est une erreur, il faut faire une opération mentale qui n'a pas les règles strictes du syllogisme, mais qui peut s'appeller, la recherche de l'analogue.

La vérité entre deux rapports s'obtient par un troisième qui les réduit a l'unité.

L'Antinomie, née des habitudes modernes, a pris une consistance prodigieuse, par l'extension de certaines carrières ou modes sociaux. L'avocat est antinomiste-né, comme le dilettante, et le journaliste.

On a vu une question de culpabilité occuper la presse universelle, pendant deux années, sans que les honnêtes gens aient pu se faire une certitude. Après les information et les débats, les deux camps sont restés en présence : personne n'a changé de sentiment.

Ce fait montre le peu de valeur qu'a l'opinion.

Lire deux journaux constitue un exercice antinomique capable de pervertir l'intelligence : en nos mœurs, une opinion n'est qu'une passion ou un intérêt ; et en philosophie souvent un système est un amour-propre ; et l'impériosité du métaphysicien, un entêtement d'auteur.

Le mot de Varron se justifie aux rayons de toute

bibliothèque ; il n'y a pas d'insanité qui n'ait été défendue par un philosophe.

En suivant les catégories de la philosophie classique, nous allons réduire l'antinomie, ce semble à représenter la nature d'esprit d'un seul homme qui embarrassa de « son tic intellectuel » le domaine sacré des idées.

ANTINOMIES

DE LA

LOGIQUE

—

On croit la métaphysique une étude de luxe, un art d'agrément pour l'homme, une spécialité luxueuse de l'application : et c'est la rectrice des institutions, des mœurs, qui préside aux intérêts civilisés et fournit des raisons ou des prétextes au démagogue, comme au tyran.

Le despotisme ou l'anarchie n'est qu'une façon de penser.

Inquisition ou Terreur, Cromwell ou Louis XIV, Saint-Louis ou Marat, incarnent chacun une formule métaphysique. L'auto-dafé et la guillotine manifestent une notion abstraite.

La civilisation ne montre pas moins de barbarie que l'état sauvage, mais elle donne toujours un motif idéal à ses crimes et raisonne ses pires passions ; les mœurs se justifient de la même sorte.

On pourrait définir l'homme cultivé, celui qui raisonne ses penchants, non pour les ramener à la justice, mais pour les justifier à son propre entendement et devant l'opinion.

La logique des manuels n'est qu'une sophistique et l'œuvre de d'Arnaud semble mieux faite pour des avocats que pour d'honnêtes gens.

Débarrassée des scolarités, elle se réduit à peu de règles.

Si on recherche la Vérité pour soi-même, la prière qui obtient l'illumination, l'admiration des chefs-d'œuvre qui atteint l'enthousiasme, en découvriront davantage qne le raisonnement : il ne viendra qu'en dernier, faire un office d'ordre, et de concordance.

Si on veut communiquer à autrui la vérité que l'on possède, il faut raisonner et ainsi :

Choisir le principe le plus certainement admis du public : définir, avec rigueur, tous les termes de ce principe, et une fois qu'il est établi et indiscuté, sur ce fondement, on élève une succession de principes, en fixant le sens des mots employés.

Pascal seul a été clair, pratique et ses quelques pages sur l'art de persuader, rendent inutile la logique de Port-Royal.

L'esprit ne conçoit que par opposition ou dualité, il procède par limitation.

Ni l'instinct, ni la sensibilité n'apportent rien à la logique : car, raisonner c'est abstraire, c'est-à-dire, dégager une idée de la contingence, l'isoler et surtout l'écarter de soi.

Lulle, Descartes, Kant, Haeckel figurent les quatre derniers cycles de l'entendement occidental.

Aucun n'est à mépriser, mais chacun a perdu son importance de date : Lulle a trouvé en Lacuria, plus qu'un émule ; Descartes n'a rien engendré que des régents d'humanité ; Kant a réagi contre la polissonnerie du dix-huitième siècle et Haeckel enfin, par le scandale de l'infatuation a ruiné les chances de l'usurpation scientifique.

Toute méthode tirée des sciences est fausse, la seule méthode reste celle de Delphes « connais-toi » ; l'homme est le seul commentaire du Cosmos.

Quel dogme plus mystérieux que la génération spontanée ; et l'a priori n'existant pas, quelle science que la mathématique qui s'élève sur le point, terme d'une abstraction transcendentale !

Révélation ne signifie que le revêtement, approprié au temps, d'un antique dogme ; et en cela les religions sont plus sages que les philosophies qui veulent faire original dans une matière ou l'individualisme incarne l'erreur.

La vérité est identique au bonheur puisque le bonheur, se constitue par une harmonie de fait ou d'adhésion, de la créature à la Norme.

L'homme est tout l'objet de la science et de l'art ; il se cherche lui-même, et c'est son effort : il se trouve et voilà son génie.

Mais en se cherchant, il découvre sa triple relation avec le Cosmos qui l'opprime, avec ses semblables dont son bonheur dépend ; avec la causalité même ; et comme les lois sérielles, et la vie sociale ne correspondent qu'à des nécessités, il ne découvrira le mystère de son origine et de son devenir, qu'en supposant d'après ses connaissances, l'inconnu, indéfini, mais immanent.

La religion nous offre une solution de cet inconnu qui circule autour de notre âme, comme une atmosphère, et qui nous est aussi nécessaire que l'autre à l'organisme : mais la religion procède de l'illumination, et il y a tant de feu que l'intelligence éblouie se recule effrayée, ou séduite s'abdique.

La métaphysique est fille de l'architecture, l'abstraction habite des murs et non le désert ; les actifs guerriers ou nomades ou marins sentent la cause jusque dans les fibres, leur cerveau ne l'abstrait pas.

La lumière nous arrive colorée par l'animisme, et ainsi la foi devient intolérante et se fausse ; ou bien l'amour s'alourdit de volupté et nous enlise au lieu de nous créer un essor.

L'idée pure n'apparaît qu'aux longues contemplations, dans le silence de l'âme ; mais on peut la dégager de la contingence passionnelle ou réduire le sentiment à la raison: et c'est l'office de la logique ; on a disputé si c'est un art ou une science, sans faire la question de beauté qui est la majeure, en art. Il y-a-t-il une beauté de raisonnement? non, elle ne peut-être qu'à l'expression.

Une science qui porte le nom d'un seul homme, qui a surgi en lui, entière et définitive, opérant sa naissance et son apogée par un seul cerveau: voilà l'étrange phénomène qu'on enseigne, malgré son invraisemblance.

Figurez-vous le clavecin bien tempéré, sans précédents et sans suite, ainsi présenté à l'Occident: tel l'Organon d'Aristote.

Ce fameux et admirable Organon n'est qu'un des enseignements pédagogiques que le sacerdoce d'avant J-C. gardait dans l'ombre des temples.

La science officielle, opérée par des laïcs d'un individualisme outré, fanatiques de leur temps, refuse à la religion ancienne cet ésotérisme, que le catholicisme a perdu et qui fût la source où les philosophes puisèrent les vérités et d'où ils reçurent des mandats de diffusion.

Aristote se vante, d'être sans modèle et sans prédécesseur ; voulant indiquer aux initiés qu'il enseignait, par permission spéciale de l'Autorité Spirituelle, de la Sainte Inquisition d'alors, différente de la Romaine comme un héros diffère d'un soldat et Pallas d'une béguine. De quel temple sont sortis les Catégories, les Topiques et le syllogisme ? Ce sont là des méthodes de séminaire, élaborées par des prêtres et destinées à former des prêtres. L'impersonnalité est telle que si l'Organon était l'œuvre d'un seul, celui-là devrait être considéré comme l'archétype de l'humanité pensante. Or, Pythagore par les seuls vers dorés, et Platon et même Plotin sont des plus grands génies qu'Aristote.

Ce prodigieux esprit reste un précepteur ; le plus grand des *gourous* profanes, l'empereur des pédagogues et il n'a agi que sur des pédagogues, il n'a servi qu'aux débats d'idée pure : rien d'Aristote n'est arrivé au cœur de l'humanité et n'a coulé dans ses mœurs. Il a formulé les lois de la fugue mentale, il a engendré une tabulature qui a servi la paresse des prêtres et les a comme séchés, détournant le catholicisme de sa mission d'amour, lui donnant une férule et un tisonnier d'auto-da fé.

C'est vraiment un fruit de l'Arbre de la science, ce syllogisme, sorte de chambre claire qui met les propositions au point, merveilleux compas aux mains de gens verbeux et entêtés, qui permet d'avoir raison en toute matière, épée de l'amour propre des savants plutôt qu'arme de la vérité. A-t-on assez remarqué que l'hégémonie du Stagirite a commencé par un musulman : et que l'adhésion d'Averroës prend les expressions les plus folles de la passion cérébrale, quand il dit que l'Aristotélisme est la vérité et Aristote, la limite incarnée de l'intelligence !

L'Organon est tellement un outil à toutes mains que l'Université de Paris en 1240 et S. Thomas lui-même ne condamnent le commentateur fanatique qu'en forme Aristotélicienne. On a hurlé sur *l'ars magna* et sa table idéique et ses roues concentriques ; elles permettent à un esprit médiocre d'être abondant, mais le syllogisme présente le même effet. Les exemples de Port-Royal montrent à quel usage, la niaiserie utilise cet instrument.

« Tout bon prince est aimé de ses sujets.

Tout roi pieux est bon prince.

Donc tout roi pieux est aimé de ses sujets. »

Les sujets reconnaissent toujours la bonté du prince : la piété est garante de sa bonté. Donc, ces deux propositions sont absurdes historiquement. Le dernier empereur du Brésil était bon, on l'a chassé : et la piété de Charles Quint ne l'empêche

pas d'être un monstre : et le nimbe de Blanche
de Castille n'efface pas qu'elle a présidé, en fanatique, aux massacres des Albigeois.

« La loi divine oblige d'honorer les rois.

Louis XIV est roi.

Donc la loi divine oblige d'honorer Louis XIV »
Ce syllogisme signifie que la fonction l'emporte
sur la justice.

« La loi divine oblige d'honorer l'Empereur, or
Néron est empereur.

Donc, la loi divine oblige d'honorer Néron. »
Voici maintenant les contre syllogismes.

« La loi divine n'oblige à honorer que la vertu.

Louis XIV n'est pas vertueux.

Donc la loi divine n'oblige pas à honorer Louis
XIV. »

Ou bien :

« On doit honorer la fonction, sauf en celui qui
la déshonore. Or, Néron déshonore la fonction
impériale donc, on ne doit pas honorer Néron. »

Oui, c'est ainsi qu'on pense; mais on s'exprime
avec plus d'art, de circonstance et de vivacité ; et
la vérité la plus forte perdrait toute sa lumière à
un énoncé si mesquin qu'elle rappelle la règle
du papier qui empêche l'écolier d'écrire de travers. Saint-Augustin cite, comme exemple de sophisme :

« Vous n'êtes pas ce que je suis.

Je suis homme.

Donc vous n'êtes pas homme. »

C'est beaucoup donner à une grimace que de l'appeler sophisme.

« Personne n'ignore qu'il y a deux entrées par où les opinions sont reçues dans l'âme.

La plus naturelle est celle de l'entendement, mais la plus ordinaire est celle de la volonté, car tout ce qu'il y a d'hommes sont presque toujours emportés à croire non pas par la preuve, mais par l'agissement. »

Dès que le génie parle, tout s'éclaire ; c'est la vie même avec ses couleurs et les quelques pages de *l'Art de persuader* enseignant plus de logique que le long indigeste et parfois puéril pensum de Port-Royal : Pascal avait suivi une ascèse de mathématicien et de géomètre, il s'exprime avec la liberté et l'imprévu d'un artiste ; il a raison comme une femme, avec grâce et sentiment. Dans le sublime, il a des expressions de dandy toutes françaises tellement elles sont désinvoltes ; au lieu de s'alourdir sous les grands sujets, il les soulève et si aisément qu'il n'a pas laissé une phrase ni obscure, ni aride, ni pédante.

Que n'eut pas fait un tel homme, sans son étroite dévotion ? Il aurait laissé des livres persuasifs car il a, au plus haut degré, cet argument qui séduit, la volonté.

Il faut le dire au clergé d'une époque ou les cardinaux ne connaissent pas Wagner, non plus que Lacuria : les prêtres qui ont laissé croire à Racine que Phèdre était une œuvre profane étaient de redoutables gens, détestables !

La forme scolariée du raisonnement à impédimenté les plus grands esprits. Spinosa dira :

« Ce qui est dans la nature est chose ou action, or le bien et le mal ne sont ni chose ni action ; donc, il n'y a ni bien ni mal, dans la nature. » A quoi par le même procédé, on répondra « Rien n'est conceptible, sans une qualité : or, la synthèse de qualité est le bien et le mal. Donc toute chose est bonne ou mauvaise non, pas en soi, mais relativement à tel sujet. »

En disant ce qu'une chose n'est pas, on découvre ce qu'elle peut être, par élimination. Mais le qualificatif d'opposition ne donne qu'un trait et si général et si extrême. Entre le beau et le laid, il y a une gradation, le joli ; entre la merveille et le monstre ; entre le saint et le scélérat, des degrés si nombreux que c'est pitié de désigner des êtres vivants ou des choses contingentes par des qualités d'abstraction.

Les règles des syllogismes ne sont que des formes pédagogiques.

— La charité oblige le Vicaire de Jésus à protester contre les massacres de chrétiens.

Or, Léon XIII n'a point protesté contre les massacres d'Arménie.

Donc Léon XIII est un mauvais pape.

Mais l'élève de Port Royal répliquera :

« Le pape reçoit l'inspiration du Saint Esprit ; or, Léon XIII, est pape.

Donc son silence aux massacres d'Arménie est inspiré d'En-Haut. »

— « On doit obéissance à son évêque :

Or, l'archevêque de Paris est un sot : les parisiens doivent obéissance à un sot. »

Le dilemne est le triomphe de cet exercice.

« Le mariage chrétien n'est dissoluble que par la mort, il y a vingt-cinq mille divorces annuels.

Il y a donc cinquante mille personnes qui doivent choisir entre la débauche ou la continence. »

Ce fatras, pour esprit rationnel se résout aux propositions suivantes :

— Un vieillard tout occupé à durer : l'indifférence devant les crimes est un fait de sénilité, non de mauvaiseté.

Le Saint Esprit inspire quand il veu⁺ et non quand il nous paraît nécessaire. Le cardinal Richard reproduit la valeur cérébrale du Vatican, avec la malice en moins : et le divorce religieux se donne aux riches ou bien à ceux qui n'étaient domiciliés que depuis cinq mois et vingt neuf jours dans la paroisse, à l'heure de la cérémonie.»

« L'essence est incorruptible.

Or, les anges sont essentiels de nature.

Donc, il n'y a pas de mauvais anges.

Mais l'essence est obscurable.

Or, les anges sont essentiels de nature.

Donc, il y a des anges obscurés. »

N'est-il pas plus simple de dire :

La substance seule est corruptible; l'essence seulement obscurable : Qu'est-ce que l'obscur ? une intermittence de la lumière. Les anges obscurés sont donc seulement intermittents dans le bien et non pas devenus mauvais en leur principe.

Les religions énoncent leurs règles par négations d'abstrait : l'enfant sait d'abord les sept péchés capitaux au lieu des sept vertus; la confession égyptienne énumère négativement.

Quand Massillon a dit ce que le chrétien ne doit pas être, il a dit tout ce qu'il peut être.

« Ce n'était pas un de ces hommes si sensibles au succès qui servent les partis, ayant pour seule doctrine leur intérêt » équivaut à ceci :

« C'était un de ces hommes si peu sensibles au succès, qui ayant leur doctrine pour seul intérêt ne servent d'autre parti que la vérité. »

Dieu est la notion la plus lointaine que l'homme puisse concevoir, et c'est aussi la plus prochaine : car rien n'est à la fois si distant, ni si immédiat que la relation de créateur à créature.

« Ne recevoir aucune chose pour vraie, que je ne la connusse telle » voilà la révolution cartésienne. Elle ne pouvait paraître si grave que pour l'époque; aujourd'hui, elle se révèle vide, si on la presse, vide comme le cerveau de Luther, vide à désespérer, en songeant que des générations ont pressé cette pauvre phrase, pour en extraire une subtantifique moëlle, plus vide de vertu qu'une amulette.

Descartes n'ignorait pas, que réduit à soi-même, on a des penchants pour penser comme pour aimer et dès lors que le tempérament décide du système.

Ma tendance me pousse à concevoir les idées en personnes célestes, en anges-muses; et l'esthéticité de ce concept séduirait plusieurs. De même pour les Égrégores, individualisation consciente des forces cosmiques. Comment connaitrai-je que ces choses sont vraies ? Descartes ne me donne aucun moyen de critique et je suis réduit à mon propre sentiment.

« Ne recevoir aucune chose pour vraie qu'elle n'ait été tenue comme telle, par les plus grands esprits, de tout temps en tout lieu. » Ceci est un critère, peut-être le seul, car la vérité est ce qui se reproduit partout et toujours, malgré quatre conditions d'erreur : la race, le lieu, la date, la circonstance.

L'Ethnicité, le climat, le millésime, le moment historique, gangues de la nécessité, se superposent.

La chasse au prépuce du vaillant d'Israël, — la conception mahométane d'un mauvais lieu céleste, la haine d'un Saint Cyrille contre Hypathia, et les proférations inconsidérées d'un concile de Trente, prouvent la fatalité humaine de l'erreur, conséquence de l'imperfection sérielle.

Qui osera dire que les Livres sacrés de toutes les religions ne constituent pas la Religion, puisque chacun représente la croyance d'âmes innombrables : et si nous interrogeons le Livre des Morts, Manou, les Vedas, l'Avesta, comme les briques de Kaldée, comme le King Chinois, n'aurons-nous pas le testament religieux de l'humanité ?

Réunissant les philosophes aux mystiques, les théologiens aux grands poètes, n'aurons nous pas rassemblé le concile de l'humanité et le plus œcuménique ? Modérant le théologisme par la métaphysique, illuminant la psychologie par le Magisme, nous promulguerons, comme vérité, ce qui sera unanime au temple du Sphinx, à la cathédrale chrétienne, de la Zigurrat à la mosquée ; du Nil au Gange ; de Pythagore à Lacuria. Là, ou il y aura unanimité, il y aura vérité ; comme il y a vie, partout où il y a soleil.

Quel homme opposera sa conscience obscurcie par la race, le lieu, la date, la circonstance, à cette conscience des siècles incarnés en génie, devenue amorphe, abstraite? Ce qu'on appelle opinion n'est rien, non plus que le *sensus commune*, hors de la psychologie : car l'opinion se forme d'une moyenne très basse dictée par les intérêts : la moralité sceptique des fables de La Fontaine, en donne la juste idée, avec les proverbes.

Le sens scientifique, ou prétendu tel, qui embarrasse Pascal, égare Descartes, rend Spinosa presque illisible, a pris un essor démesuré.

Le physicien voyant la métaphysique sans défenseurs a tenté un coup de main ; semblable à un ouvrier du Duomo qui entre deux truellées monterait à l'autel, y corriger le missel.

Le physicien ne corrige point : en conquérant assyrien, il déporte sa conquête et verse la psychologie dans la physiologie, car il est prêtre d'une religion singulière où, pape et fidèle, il dit la messe et se la sert.

Persuadé que dans la série des activités, la métaphysique est plus qu'inférieure, maladive et sans objet, le savant traite l'abstrait, comme un général Français la reine Ranavalo : et pour un peu l'Académie des sciences ferait ses ordures dans l'Académie de Platon.

Or le savant se peut définir, l'homme sans métaphysique : l'idée générale lui semble son ennemie-née, il l'évite pour la nier : n'ayant point de méthode, il ne veut pas avouer sa lacune et découvrir l'instabilité de ses découvertes, sans liaison. Edison l'inventeur, n'a pas formulé une loi : W. Crookes et de Rochas ont vraiment redécouvert des merveilles : comparez leur notorieté.

Il n'est pas douteux que les fondateurs de religion, les grands philosophes, les mystiques illuminés et les Mages ne soient les vrais pères d'un concile des idées.

La compétence et sa preuve incomparable, la création, constituent la légitimité d'une magistrature. Qui refuserait à Aristote la qualité cardinalice, en mentalité ?

On peut avoir raison contre Mohammed et même contre un concile : on aurait tort contre tous les Mohammed et tous les conciles.

L'œcuménisme des génies créateurs : voilà le critère. Il suppose une forte érudition et des études étendues : mais la métaphysique étant le couronnement des connaissances humaines, elle les suppose toutes, dans leurs lignes synthétiques.

Une proposition, sous peine d'erreur, doit trouver un axiome basique dans le testament du génie humain : je ne dis pas, dans l'un des testaments, mais dans celui qui serait la concordance totale des grands penseurs.

Cette opération s'appellera le raisonnement par tradition, et servira surtout à la métaphysique et à la théodicée.

Pour la morale et la psychologie, le terrain est plus sûr encore, l'histoire donne le procès-verbal de toutes les expériences possibles sur les mœurs et de la conscience.

Les vérités métaphysiques et théologiques sont d'ordre tradionnel ; celles de la psychologie et de la morale, d'ordre historique.

On n'a pas assez considéré les annales des peuples et particulièrement les mémoires anciens comme les matériaux d'une science de l'homme moral : cependant si je dis un athénien, un spartiate, un romain, un florentin, on comprend tout de suite qu'il s'agit d'abord de parfaite idéalité, de brutalité aveugle, ensuite de forte administration et d'esthétisme sans morale, enfin.

Sans doute la critique des faits n'est pas aisée et on peut hésiter à voir dans la Saint-Barthélémy l'effort du tiers état contre la féodalité et dans la mort de Louis XVI, les représailles du supplice des Templiers : mais le sens du fait politique importe peu, tout l'intérêt est dans le jeu des passions et l'économie des mœurs.

Pascal, le penseur le plus individuel du grand siècle s'écrie : «je n'aurais garde de faire tomber les vérités divines dans l'art de persuader : Dieu seul les met dans l'âme et de la manière qu'il lui plaît. Je sais qu'il a voulu qu'elles entrent du cœur dans l'esprit et non pas de l'esprit dans le cœur. » Ce jansénisme détestable rendrait inutiles les plus hautes facultés.

A une génération plus développée de culture que de sensibilité, il faut montrer des preuves et s'adresser à l'entendement. Il faut agréer pour convaincre, quand on n'a pas le privilège formidable du prêtre qui intercale dans le plus saint des mystères et fait succéder à la pure lumière de l'évangile, les petits intérêts de la sacristie et l'ordinaire parlage sans art, sans préparation et sans pudeur, qu'on appelle un prône, gargarisme de mots sans suite ni effet, qui n'ont de sacré que le sacrilège, d'interrompre le mystère inneffable.

Bourdaloue est une lecture de pénitence, non parce qu'il porte ce manque d'originalité, véritable marque jésuitique, mais par la puérile et scolaire économie ; le réglage et les alinéas de son discours évoquent le discours latin, la composition de séminaire. La même rigueur dans le développement, avec plus d'art disparaîtrait.

L'*école d'Athénes* est le chef-d'œuvre de la composition, et l'*Apothéose d'Homére* seulement une page d'application soutenue. Raphaël a fait une scène vivante, que le spectateur croit surprendre dans sa réalité : le tableau d'Ingres, ressemble à un groupe de figures de cire, et son Homére paraît celui d'un timbre national, d'une marque administrative.

Pascal en séparant, dans l'art de persuader, l'agrément de la logique, a obéi à l'enseignement de Port-Royal ; et aujourd'hui l'agrément seul, c'est à-dire la sonorité de sa pensée émeut et convainc tandis que son raisonnement se déconsidère en ouvrant la table et y lisant : ce titre « que les vrais juifs et les vrais chrétiens n'ont qu'une même religion» et cette phrase «la plus grande preuve de Jésus-Christ, c'est les prophéties » !!!

Chaque civilisation ayant un grand sacerdoce a eu une logique : on ne connaît encore que le Nyaya, attribué au Boudha.

La logique boudhique compose la thèse de deux termes : formuler la preuve d'abord, et définir la chose à prouver. L'Antithèse se compose aussi de deux éléments la contre-preuve et la contre-définition de la chose à prouver.

Voilà l'antinomie posée, le double axiome et la double définition.

La syllogistique, d'après Colebroke, a cinq membres : proposition, raisonnement, abstraction, application et conclusion.

Il y a un annexe, l'opération supplétive qui doit être un à fortiori.

Le neuvième topique conclut.

Tout cultivé refera avec ce système, les mêmes opérations mentales qu'avec l'Organon et aussi juste : et un avenir prochain nous réserve la découverte d'autre Organon, celui de l'Égypte peut-être, la logique des Rothenou, des hommes rouges à l'odeur caractérisée.

Il ne faut pas oublier, que la dialectique de Platon est antérieure à la logique d'Aristote et que Plotin a écrit des choses spécieuses contre les catégories.

Abailard est le premier chrétien qui ait tourné le grand instrument sacerdotal contre l'orthodoxie mais Averroës mérite le nom de disciple-incomparable. Albert-le-Grand et St-Thomas valent au Stagirite le nom de Maître Naturel et le péripatétisme s'incorpore à l'orthodoxie. Les initiés de l'Eglise avaient enfin reconnu le legs de leurs antiques collègues, et l'instrument revenait à sa destination.

Luther et tous les protestants, ces anarchistes de l'esprit bourgeois, féodaux en fait, détestèrent l'Organon. Bacon eut le tort grave de prendre l'induction pour une méthode. La fin de la logique fut l'œuvre de Descartes ! cet esprit sans force, défférent au *dogme* et fantaisiste en philosophie, indépendantisa la pensée, avec une mesure, un goût, des bienséances qui permirent aux honnêtes gens, à ces parfaits civilisés que Racine a peints, de s'esquiver, sans scandale, du prône théologique et d'aller à leur gré, de façon discrète et modérée. Il manquait de la confusion et du désordre ; les hoplites du Rhin arrivèrent comme les géants dans « l'anneau, » Kant planta les épieux, raison pure et raison pratique, et commença avec le bon compagnon Hegel à entasser les antinomies rançon de Fréia, l'éternelle Vérité.

Le professeur d'Iéna, avec l'identité de l'idée et de l'être, arrive à des conclusions extraordinaires : comprendre c'est égaler ; l'ombre est identique à l'objet qui la projette ; la pensée s'appelle dialectique immanente ou idée concrète absolue. Car malgré un incontestable génie et un amour violent de la matière, le philosophe allemand ne comprend que sa langue, incapable de se servir des expressions consacrées, et de garder son sens à un mot, il invente des appelations pour tout ; et on a 'impression de changer de science, quand on change d'auteur. Ce caractère insociable et séparatiste, entre, pour beaucoup, dans le prestige de ces esprits qui tous s'efforcent à s'isoler. Ils le disent eux-mêmes.

« La métaphysique a disparu du rang des sciences. Qui oserait parler encore d'ontologie, de psychologie, de cosmologie, de théologie.»

Qui? après Kant? Ce sont des phrases à la Sganarelle : des diremptions et des tripartitions! Mais, il s'en faut que tout soit vain, dans ce système. La trilogie : être, essence, idée, animée par le concept du devenir, mérite de l'attention : seulement Dieu lui-même devient la cause, suit le processus de l'effet, et dans la Philosophie de l'histoire, l'idée de progrès se détache, dans sa niaiserie colossale, à côté de beaux développements.

Enfin s'il fallait nommer le dernier logicien, après Lacuria, le nom du Père Gratry viendrait.

C'est une piété et un soin utile de revoir, sur d'aussi transcendantes questions, la succession des hommes et des œuvres, mais récapituler oblige à conclure; et il faut conclure, selon le temps où l'on écrit.

L'Organon est un chef-d'œuvre sacerdotal, prodigieusement présenté par Aristote : mais ce n'est qu'un compas intellectuel, un étalon des mesures.

La Fugue fait la base de la musique, et la logique une syntaxe de la pensée. Mais de même que la fugue est rarement du beau, et que l'écrivain arrivé à son développement ne sait plus une seule règle de syntaxe, ayant conquis par l'habitude, une sûreté de tour, qui lui fait trouver la bonne manière d'une façon désormais inconsciente : ainsi c'est une faiblesse, quand on raisonne, de faire penser à la logique, comme si le sculpteur laissait percer l'armature en fer qui soutient sa terre. Canon des proportions, mode d'étude et d'enseignement, nécessité absolue de tout discours, la logique n'est que l'ossature.

La meilleure expression d'une pensée sera toujours l'image, ou le symbole.

« L'homme est un roseau, le plus faible de la nature, mais c'est un roseau pensant. »

Exprimer sa pensée est une œuvre de talent ou de génie ; imposer sa pensée par des prestiges, ou des preuves, en satisfaisant à la sensibilité ou à la faculté d'abstraction : cela relève de la Réalisation.

La démonstration n'est qu'une peinture très vive des idées, et qui les fait réelles et aimables. Car la réalité est la condition de la vérité ; et l'amour, le mode de l'excellente adhésion.

La logique est une discipline et une ascèse ; tous, même grands, doivent la pratiquer. Ensuite, il n'y a plus que la faculté et l'application, qui valent. Les raisons de croire que donne Pascal ne sont point mes raisons : elles parurent fortes à de très bons esprits. Sur quel mérite sera-t-on d'accord, sur la beauté d'expression : elle suit la vérité du concept, assez généralement. Les matérialistes et les physiciens écrivent mal ou d'une sorte si morne, qu'il faut une gageure pour les lire. Dix pages d'Helvetius ou de Lamettrie, suffisent à l'expérience.

L'art d'exprimer sa pensée ne diffère pas de celui de peindre ; et la philosophie aurait plus d'action, si elle ne s'était pas traitée, comme Pascal lui-même, en se refusant tout agrément. Une idée résiste moins aux mots qu'une forme, et l'infini donne plus aisément lieu à une phrase satisfaisante, qu'au linéament précis qui distingue les formes vivantes.

Un des plus grands écrivains du siècle, ayant voulu s'intéresser à un devoir d'enfant sur l'analyse logique, demeura court : il le fut demeuré, sans doute, en relisant la logique de Port-Royal.

L'Art de bien conduire sa raison dans la connaissance des choses « consiste en quatre opérations : concevoir, juger, raisonner et ordonner ».

Pour Arnaud, la simple vue d'un arbre est une idée. Il entend le jugement, comme une adjectivation du concept et en donne pour exemple « la terre est ronde. »

« Raisonner c'est juger ; ordonner c'est disposer les relativités. »

Après un tel début, quelle clarté jaillira... Concevoir Dieu, c'est le juger, le raisonner et l'ordonnancer du même trait !

Il y a des concepts qui sont des jugements par eux-mêmes ; et des raisonnements qui contiennent toute l'ordonnance dont ils sont susceptibles.

Lacuria appelle le syllogisme un triangle intellectuel, ou deux propositions connues mènent à une troisième inconnue : mais, il s'en faut, que les relativités aient l'exactitude d'une droite, et les angles restent, en abstraction, souvent ouverts.

La logique tire des lignes de rapport, des effets aux causes ou des causes aux effets ; mais la rigueur d'établissement de ces rapports dépend de la subtilité et non de la méthode. Shakespeare ignorait sans doute la nomenclature des tropes ; et je ne sache qu'aucun homme, ait plus varié les figures de mots ou de pensées.

La définition résume tout l'art de pensée, et on voit aux dictionnaires, en quelle langue amorphe, on donne le sens des mots abstraits. Lorsque Gassendi disait : « celui qui dit une chose infinie, donne à une chose qu'il ne comprend pas, « un nom qu'il ne comprend pas non plus, » : ce physicien posait mal sa question.

L'infini n'est pas une adjectivité, c'est un nom ; c'est, en toute philosophie, le nom de ce qu'on ne comprend pas.

La distinction majeure de l'esprit humain incarne l'idée de limite, de différenciation : elle nécessite l'idée d'infini, et celle-là, chose prodigieuse, apparaît la plus tôt éclose, l'idée élémentaire.

Il faudrait ce semble s'entendre sur l'utilité de la métaphysique et de toute investigation spirituelle.

Aux deux pôles de l'activité cérébrale, la physique fait ses expériences et la religion ses miracles ; l'une découvre les lois naturelles, l'autre solutionne les problème de l'infinité : à une extrémité, il y a le phénomène ; le mystère, à l'autre.

L'ignorance des gens du dix-neuvième siècle est telle et aussi leur infatuation, qu'ils se font honneur et gloire d'appeler progrès, des découvertes plusieurs fois opérées, perdues et retrouvées. Ainsi, il y a des lois scientifiques, qui ont fait la gloire d'un grec, d'un florentin et d'un parisien. Les théories de Pasteur gisent, avec bien d'autres tout aussi remarquables, dans les in folios infeuilletés d'un Paracelse, d'un Van Helmont, de R. Fludd. Dutens dans ses inventions des modernes renouvelées des anciens a montré combien peu de nouveautés étaient vraiment nouvelles.

Mais, en admettant cet absurde mépris du passé, qui fait appeler par les manuels, les sciences magiques, sciences imaginaires; il est un point, sur lequel ni Descartes, ni Kant, ni Comte, ne se sont interrogés et qui a de l'importance.

Quel est le but de la recherche philosophique? L'accomplissement de l'homme et nul autre. Qu'est-ce que, s'accomplir? Atteindre le point, le plus idéal de sa vie. L'idéal étant toujours une formule de perfection, il faut donc que la recherche porte sur les facultés humaines. Elles ont toutes une orientation nécessaire.

La santé et la beauté, représentent la perfection physique et supposent aussi la force. L'âme a sa santé qui est vertu et sa beauté qui est conscience. L'esprit lui-même a sa vertu propre qui est subtilité et sa beauté essentielle qui est amour.

Quel peut être l'objet de la conscience? l'adhésion de la volonté à la justice. Et celui de l'esprit? l'application au mystère. Le mystère sera donc le plan le plus élevé de l'accomplissement humain. Nul doute qu'il soit glorieux de le percer, nul doute qu'il soit impossible de le pénétrer, autrement, qu'en parcelle et relativité.

Si la philosophie prétendait à résoudre le mystère, elle serait l'activité propre aux fous : au contraire, elle forma de tout temps l'apanage des sages.

La religion explique-t-elle davantage que la métaphysique ? Bien au contraire, elle présente à l'esprit de l'homme de plus grands mystères et plus nombreux et les propose à la pensée pour les croire, sans les résoudre.

Or l'humanité a vécu et vit de religion : la philosophie qui fait vivre actuellement en France quelques centaines d'hommes, n'en passionne, peut être pas une dizaine.

La religion nous révélera donc mieux que la logique, l'office de l'intellectualité.

Quel profit, l'homme déjà médusé par l'expérimentation, qui ignore s'il y a des corps simples et l'état du dynamisme supérieur à l'électricité, tirera-t-il de ce secret colossal qui a la création pour base et la trinité pour sommet ; défiant le génie et sa pénétration ? La santé de l'esprit est de se nourrir non d'explications, mais de mystère ; sa beauté, d'en recevoir le rayonnement comme d'un soleil d'au de là, qui éclaire sa conscience non comme une logique mais comme un fluide et lui permet avec subtilité, de graviter, pieux, enthousiaste et heureux dans l'orbe de ce cercle dont le centre est partout, et la circonférence, nulle part.

L'histoire le montre: les meilleurs, les plus grands se sont dédiés au mystère.

C'est le titre de l'au-delà. le vivificateur, l'accomplisseur, par excellence; ceux qui l'ont désiré et cherché sont les princes des hommes; et l'humanité leur doit tout, la vertu, les mœurs, son élévation, sa paix et sa lumière :

Celui qui sait la distance présumée du soleil à la terre et qui évalue sa densité, est-il le plus conforté, par ses rayons ?

Il faudrait donc que la philosophie, envisagée comme un simple truchement, entre l'infini et l'homme, fut écrite et étudiée avec amour, c'est-à-dire avec le désir de s'orienter vers Dieu.

Dégagée de l'aride terminologie, vieux vernis sur le tableau qui en cache les couleurs vives et pures, la philosophie apparaît la plus belle activité de l'individu; même si l'idée n'est qu'un tremplin d'imagination.

Si, seuls les artistes jouissaient de l'art; il n'aurait ni mission, ni grandeur; mais les prêtres ont été faits pour les fidèles et les philosophes pour autres que des collègues.

Il faut considérer le domaine de la pensée comme surélevé à celui de la beauté et devenir idéologue, comme on devient esthète.

Est-ce dire que, au retour d'Italie, l'enthousiaste

saisira des pinceaux et barbouillera ; et qu'après
avoir lu Platon, le lettré essayera un vain commentaire, non plus que celui qui sort d'un concert, ne
court acheter du papier à musique ?

La métaphysique est le sommet de la culture,
et en élevant la pensée elle la purifie, fait de
l'ordre dans les passions, met de la dignité dans
les mœurs.

La décadence latine date du jour où la métaphysique a cessé de former les esprits : le pouvoir est
aux mains de gens qui ont mal fait leurs humanités : en littérature même, la pauvreté idéologique
s'accuse comme un caractère d'époque. La vie de
Paris impérieuse, agitée, force les meilleurs à
œuvrer sans méditations, à vivre sans oraisons.

Nourri d'impressions discordantes et qu'il ne
peut classer, poussé d'agir suivant l'intérêt et de
proférer sans réflexion, le moderne, au sens artistique souvent exquis, se trouve développé, sauf
sur un seul point, et majeur : il ignore le raisonnement spéculatif et conserve en son esprit les
mêmes antinomies qu'il montre dans sa conduite.

Puisse cette étude, sincèrememt élaborée, lui présenter quelque clarté, propre à augmenter en lui
la conscience et la vie cérébrale.

« Tu n'es que ce que Tu penses » a dit Villiers
d'après le pseudo Hermès. Il importe donc que

l'infini soit une des attestations de la pensée, puisqu'il est le portique, vers lequel, éternellement, l'homme digne de ce nom, marchera ébloui et béatifié par ce seul mouvement, qui est le salut des uns, le devenir des autres, le sort de tous.

———

ANTINOMIES

DE LA

PSYCHOLOGIE

I

LA VIE ET LA CONSCIENCE

I. *Le phénomène synthétique de tous les autres est la vie :*

Mais l'homme n'en est qu'un représentant. L'herbe qu'il foule, le cheval qui le porte, l'astre qui l'éclaire, vivent.

II. *Le phénomène humain, par excellence, c'est l'individualisation de la vie : âme ou conscience.*

L'animal engendre, souffre, jouit, tue et meurt selon les lois de son espèce, confondues dans l'épithète d'instinct ; il a, nid ou caverne, son foyer ; son éducation et ses passions, mais il reste sériel. C'est-à-dire, qu'il agit en toute circonstance, selon son collectif : on ne peut enfin lui appliquer le mot de conscience : le mouton est doux et passif, le tigre violent et féroce, dans tous ses exemplaires. L'homme, au contraire deviendra tigre ou mouton, par une faculté admirable de cribler les courants de la vie jusqu'à les contredire et les vaincre par une double opération de jugement et de volonté.

Qu'est-ce, un cas de conscience, sinon une antinomie entre la vie et la conscience ? Dire d'un homme qu'il a la conscience éclairée, droite, pure, n'est-ce pas exprimer qu'il juge ses impressions, au lieu de s'y abandonner ; et qu'il réagit, lorsque la vie agit sur lui. Cette réaction est l'état de conscience qui consonne à l'harmonie universelle ; et l'inconscient qui est synonyme d'irresponsable ne rejette-t-il pas l'homme, hors de la série et au dessous de l'humanité, car l'animal a une conscience d'espèce qui est l'instinct et l'homme qui n'a point d'instinct, devenu inconscient, ne se raccorde à aucune loi.

La conscience est un prisme, qui revêt de couleurs morales, la sensation vitale ; ces couleurs sont abstraites comme le langage les exprime : une action noire, une belle action : la conscience en état de jugement perpétuel, décide souverainement ; ce n'est pas elle qui veut, elle mobilise la volonté, comme l'arrêt engage le bras séculier à intervenir.

Elle se présente, suivant les fois, embryonnaire, imparfaite, hésitante, erronée, ou faussée, pervertie.

La conscience se nourrit de l'émanation morale et rayonne à son tour : chez l'enfant, elle se forme, animalement, selon l'exemple ambiant. L'enfant imite, en sa conscience, celle même qui le régit, au foyer.

L'âme a deux facultés, l'affective qui détermine ses attractions et ses répulsions ; la consciente qui critique ces mêmes attractions et répulsions. En face du pot de confiture défendu, le gamin commence à se poser la question suprême de l'homme : pour petite que soit la matière de l'option, le grand drame de la vertu commence : car pour l'enfant la vertu n'est qu'obéissance. Il est facile de supposer que l'enfant n'a pas de correction à craindre et qu'il est persuadé du secret où restera sa gourmandise : cependant il hésite, le pauvret, en face de l'Antinomie, sous sa forme puérile : il a envie de la confiture, mais une parole maternelle contrebalance cette envie. La défense de la mère, qu'elle l'emporte, ou non, embarasse, occupe, émeut le gourmand : il sait que la chose sucrée est bonne ; qu'elle lui est donnée comme récompense ou aliment, rien ne le gêne que sa conscience : entre la friandise et lui, il y a la désobéissance, il a conçu le devoir. Qu'il le suive, ou le désir, d e ce jour, il est homme : car il a lutté contre une attraction et lui a opposé, fut-ce un moment, une notion idéale et vraiment abstraite.

Plus tard, quand il sera boursier ou soldat, il volera ou tuera, si la défense religieuse ne l'emporte pas ; la tentation aura un objet important, le drame ne différera pas.

Qu'on regarde une sortie de lycée parisien et les yeux des élèves : ils n'expriment que la brutalité, le cynisme ; ce sont des singes qui rêvent à insulter et à mal faire : j'ai vu une classe d'humanités rire au passage de d'Aurevilly : les polissons ne respectent même pas le génie. On n'a pas cultivé leur conscience, on leur a même enseigné, par cet avatar spartiate qui s'appelle la lutte pour la vie, invention anglaise comme toutes brutalités, de se précipiter sur l'objet de leur convoitise. Que seront ces jeunes hommes, qui n'ont jamais prié, auxquels on n'a jamais parlé de l'infini ? Des terrestres qui ne lèveront jamais le regard vers Dieu : et l'œil qui ne se lève pas dans la méditation, devient un œil de proie, un œil où la conscience ne brillera jamais.

L'Université vit sans conscience, sans doctrine sans morale : on lui livre des mémoires et elle rend des carrières libérales : de nos jours, il n'y a plus d'éducation, il n'y a que de l'enseignement. On rencontre des gens instruits, on ne trouve plus d'honnêtes gens, dans le sens magnifique que ce mot eut jadis. L'enseignement religieux est-il pur et digne, quand les dominicains tiennent des discours de Mathan, et rêvent encore de sang et de massacre, par la brutalité militaire qu'ils cultivent, au mépris de Jésus ? Ils apprennent à prier, ils parlent de Marie et sauf sur le patriotisme où ils sont de damnés hurleurs, ils ont une conscience, une doctrine, une morale : on leur livre des consciences et ils rendent des hommes, tarés seulement de nationalisme et de sourdardise. Une autre cause de décadence pour l'Occident, c'est la prolificité ridicule, la ponte à outrance. Engendrer n'est rien qu'une négligence dédiée au hasard organique : élever, former, éduquer est seulement œuvre pie et on n'élève jamais bien, beaucoup d'enfants.

En refusant la conception ternaire de l'homme, la psychologie s'est brouillée inextricablement : d'autres sont venus qui confondirent cette raison sentimentale qui est adhésion ou répulsion, avec l'opération intellectuelle de la logique ; et la lecture même des auteurs devint impossible par la confusion des termes. L'Eglise adoptant la dualité de l'homme malgré l'école d'Alexandrie, acheva le désordre : elle était avertie cependant, par sa propre croyance de l'homme à l'image de Dieu, et de Dieu Tri-personnel, que l'homme ne pouvait se constituer en dualisme.

On ne doit attribuer cette erreur qu'à une réaction contre la redoutable métaphysique des Intelligibles. Corps organique, âme immortelle, profération simplifiante du cathéchisme, et imprésentable en philosophie : car la faculté d'idéalisation liffère tellement de l'affectivité ; entre un Platon et un brave homme, il y a tout l'écart d'un homme à un animal. Avouer que l'esprit seul immortel est distinct de l'âme c'était créer une hiérarchie dangereuse pour le clergé, car la spiritualité ne se suppose pas et n'a qu'une preuve : la pensée.

L'animal a des passions d'espèce, l'homme des passions individuelles ; et je le répète, l'individualisation c'est la conscience. Elle constitue le libre arbitre, elle contient l'initiation de la volonté. C'est la lumière qui éclaire tout homme !

Il faut un effort pour démêler la triple et réciproque action de la sensation éveillant la conscience, de celle-ci dominant la sensation, et de l'influx spirituel s'ajoutant à l'âme, pour former l'idéalité.

Réduite à elle-même, l'âme ne s'élèverait pas sans la dynamisation spirituelle qui l'idéalise.

Tandis que l'homme évolue par le travail de la

conscience, au-dessus de la sensation, l'esprit s'involue en elle, l'épure et la féconde : l'esprit descendu dans l'âme c'est la première étape. La seconde celle qui sera éternelle c'est la spiritualité enlevant la conscience, la subtilisant et la montant, littéralement, vers le monde supérieur.

L'esprit s'animise comme on dirait s'incarne ; puis l'âme se spiritualise, évolue vers l'abstrait : et atteint alors la sensation, puis le sentiment, enfin l'idée de l'infini, qui est le seuil d'Eternité.

II

LA CONSCIENCE ET L'IDÉE

La vie individualisée s'appelle conscience. La conscience individualisée engendre l'idéal.

L'idéal n'est pas l'idée, l'abstraction pure : c'est la relation du sentiment avec l'intellect, l'état animique du concept et celui conceptuel de l'âme.

Dieu, sans attribut est une idée. « Notre Père » est un idéal ; l'infini est une idée « l'Eternel » une idéalité. Les saints et les héros sont idéalistes ; les philosophes et mages, des idéistes.

La distinction est d'importance : car elle permet d'expliquer nombre de cas de psychologie que la confusion des deux faits rend inextricables. Chaque fois que l'idée naît de la sensation, de la conscience ou de l'affectivité elle n'est pas pure.

L'idée pure est celle, appelée innée, qui ne procède pas de la vie phénoménale. Si je pense au

mystère de la Trinité, à la probabilité de la plura-
lité des mondes habités, à la nature des anges et
des démons, à l'immaculée conception, je fais de
l'idéisme, je pense abstraitement, c'est-à-dire que
ma pensée s'isole de la sensation et de la conscience, qui ne peuvent être d'aucun témoignage,
en ces thèmes.

Au contraire, si je pense à la justice future, à
propos d'un tort qui m'est fait : si d'une œuvre d'art
ma pensée prend essor, vers une conception de
beauté, si j'aspire, fut-ce à la perfection et au
salut, j'idéalise. Idéaliser c'est suivre un rapport
entre une forme, une passion ou un fait, dans le
sens de hauteur, de perfection et d'excellence.

L'idéal est le rapport le plus haut, c'est-à-dire
ou le plus éloigné de nous-même, ou le plus approchant de Dieu, que l'homme puisse concevoir. On le
définirait encore, la formule unitaire du plus grand
nombre de rapports possibles à un objet, quelque
soit cet objet.

L'idéal est la limite de ce qu'on se figure et de
ce qu'on formule ; on ne le réalise pas, mais on le
voit, en esprit ; et en ce sens, l'idée est l'image, selon l'étymologie.

L'idéal enfin est toujours relatif à la vie : l'idée ne
paraît que rarement chez de précieux et sublimes
esprits.

Leibniz a raison, rien n'est dans l'intellect qui n'ait été d'abord dans le sens, sauf l'intellect lui-même.

Le mouvement métaphysique de la pensée a une définition aisée : c'est la mutation de l'objet en qualité.

La qualité sans sujet devient entité.

Bon et mauvais ne sont en soi, ni principes, ni faits, ni choses, mais ce sont les termes positif et négatif des principes, des faits et des choses.

Le mal et le bien sont des idées, des abstractions.

Si je dis « le juste agit ainsi », je ne désigne aucun vivant, mais un être idéal. Le roi, le pape ne signifient ni tel roi, ni tel Pape, mais une fonction : la Royauté, la Papauté.

L'abstraction, lexiquement, a pour noms des adjectifs, qui tous expriment un rapport de perfection. Dans son amplitude, la perfection nous échappe comme un monument colossal, autour duquel nous tournerions, sans pouvoir en saisir l'ensemble et qu'alors nous examinerions à l'angle et au détail, afin, par une série de vues partielles de nous figurer l'ordonnance et la physionomie générale.

Les matérialistes, superficiels par système, n'ont jamais pris garde à cette proposition sans laquelle aucune étude de l'homme n'est possible, que l'abstrait est présent au plus bas degré de l'évolution, chez le sauvage et chez l'enfant.

A quatre ans, il n'est pas rare de voir l'idée apparaître dans la conscience, nons eulement celle du juste et de l'injuste, mais des idées aussi transcendantes que celles du transfert mystique par exemple, l'enfant s'imposant un effort pour éviter une peine à sa mère.

Or, il n'y a pas d'éducation, si religieuse qu'elle soit, qui puisse insufler sitôt de telles subtilités de sentiment.

La genèse des idées ne souffre pas une minutieuse analyse : on s'efforce à supposer l'homme élémentaire dont on a connu aucun exemplaire et à raisonner sur un état sans examen possible.

Les premiers hommes qui ont eu une idée, d'où la prenaient-ils ? Nous ne pouvons nous figurer ce que nous serions sans éducation, ni lecture ; nous figurerons nous mieux ce qu'était l'homme de la pierre polie ?

Entre croire à l'invention, par l'humanité, de toute l'idéalité, ou admettre que l'idéalité n'est qu'une perception plus élevée de rapports existants, la raison n'hésite pas.

Le moins ne conçoit pas le plus, le fini n'invente pas l'infini : l'homme n'élabore pas la conception de Dieu.

L'être humain ne conçoit aucune idée sans réalité : Bacon se trompa en disant que le concept

naissait toujours du sens ; il aurait dû dire que
l'idée de l'être ne crée jamais un rapport imagi-
naire.

Même si les religions étaient des versions dérisoi-
res et les philosophes des verbiages, leur objet est
réel, parceque notre esprit ne pense que par limite
et que la limite serait inconcevable sans l'illimité.
Relatif et fini nécessitent absolu et infini.

Ces idées formidables sont les premières, celles
que l'éducation trouve latentes et ne fait qu'éveiller.

L'enfant raisonne de Dieu aussi bien que l'homme
et la conception de la vie future lui est toute naturelle, à moins que l'éducation ne s'oppose, avec
insistance, à son éclosion.

La charité malentendue par des prêtres inquiets
en leur paresse a préconisé l'égalité des âmes devant Dieu ; c'est une imposture.

Les facultés classent les êtres, comme caste,
les actes les désigneront ensuite.

La hiérarchie des hommes dépend de leur évolution.

On vaut par sa conscience : ce qui équivaut à
l'idée de caractère.

On vaut davantage par son idéalité : ce qui se
dit de mysticisme, héroïsme, enthousiasme.

On vaut enfin par son idéité : ce qui se dit de la
pensée pure d'un Lacuria, d'un Eliphas.

La métaphysique n'est pas plus représentée dans un Lycée, que l'Art, par le professeur de dessin et les lettres, par celui de rhétorique. Une carrière n'est pas un prestige en soi : et s'il y a des professeurs dans tous les séminaires, je me demande où y a-t-il à cette heure, un grand théologien ?

Quand l'idéal prend possession de la conscience, de nobles et de terribles choses ont lieu, car les Croisades et l'inquisition, sont des idéalités mises en œuvre.

L'idée est un phénomène absolument masculin. Depuis les siècles, on n'a jamais dit « l'idée d'une femme » sinon pour exprimer son sentiment.

En revanche, on trouve la femme associée, avec une ardeur admirable, aux grandes entreprises de l'idée ; amantes ou saintes femmes, elles se développent en Panathéenne immense, couveuses et expansives de la vérité ; et leur idéalité dépasse encore celle de l'homme : dernière raison pour appeler l'idéal, l'animisme d'une idée.

Au même titre qu'un événement extérieur, l'idée est un phénomène, qu'elle soit générée par la sensation, le sentiment ou conscience, ou qu'elle prolonge en hauteur le mouvement idéal.

Nier l'idée et son caractère si différent du sentiment, est impossible. Un homme c'est une idée souvent basse et confuse, mais déterminante. Au fond des crimes, comme au cœur des vertus, il y a idée, comme au centre de toute vie, il y a chaleur. Le conseil de guerre qui condamne à mort un pauvre diable pour un bouton jeté en l'air, alors qu'on donne un an de prison pour un coup de canne au président de la République, ne peut croire, quel que soit son abrutissement, à une proportion, entre le délit et le châtiment. L'officier, fût-il maréchal de France et victorieux autrement qu'un Gallieni, qui croise sa balle explosible avec une pauvre flèche de sauvage, ne saurait s'attribuer une telle dignité : il sait qu'il est peu de chose, moins qu'un pompier, moins qu'un gardien de la paix, moins que le dernier des lettrés. S'il assassine le soldat, ce ne peut-être, par illusion sur le très peu, sur le pis social qu'il représente, c'est au nom de la Patrie, comme Torquemada purifiait les âmes par le feu, au nom de l'Église.

Ces redoutables fous, les officiers et inquisiteurs, sont frères par la même incarnation du mal ; ils sont frères devant l'exécration de leur juge, maître et seigneur, l'homme de pensée, qui doit frapper l'Eglise et ruiner la Patrie, jusqu'à ce qu'il n'y ait plus ni un juge ecclésiastique, ni un juge militaire. Monument d'aberration, on a supprimé la peine du sacrilège pour l'instituer au profit d'un buveur d'absinthe, d'un néant d'homme, incapable d'autre œuvre que la chiourme. Chaque jour, la Patrie, le dernier Molock voit sacrifier un innocent qui a seulement fait a des malfaiteurs patentés un geste qui les juge, et on s'étonne que par moments, l'indignation s'incarne, injuste à son tour, en sa représaille ; et qu'un de ces rois de caserne comme ils sont tous aujourd'hui, de ces rois en livrée millitaire, reçoive en plein uniforme, non plus le bouton du martyr enervé, mais la balle vengeresse d'un énergumène qui réalise l'exécration du philosophe et l'impatience de l'agneau déchiqueté par le boucher social.

La conscience individuelle n'oserait pas les monstruosités militaires et coloniales, sans un prétendu idéal. Même en cocufiant le marquis de Montespan, Louis XIV s'autorisait du droit divin ; l'officier, au nom du droit patriotique satisfait ses instincts d'homicide, de vol et de viol.

C'est au nom de l'idéal prophétique, qu'Israël a sacrifié Jésus ; le Romain a soumis le monde à son idéal de Rome : les révolutions ont toutes un idéal pour drapeau.

Deux phénomènes effrayants de la nature humaine sont : l'idéal de communion, qui constitue une conscience militaire, jésuitique, révolutionnaire se substituant à l'individuelle ; et les consciences nationales, enrégimentement des pires passions.

Le pouvoir social, même ignare, n'oublie jamais ce que valent les idées ; et il y en a, qui planent sur les piques de septembre comme sur les lances de la croisade.

Le mal individuel ne produit beaucoup d'horreurs, que s'il dispose d'une puissance militaire ; les horribles massacres ont tous été faits au nom d'une idée et par un décret de conscience collective.

Cette corruption du sens intérieur et et de l'idée serait le seul argument en faveur du diable.

La différence, que fait le catéchisme entre la contrition et l'attrition, représente assez bien la différence de l'idéal à l'idée.

Parfaite, la contrition est le regret d'avoir forfait à la Norme, à la Rédemption, à la Grâce ; l'attrition est la peur de la peine encourue. Au premier cas, on souffre par amour de l'infini et relativement à Dieu ; au second le repentir s'inspire de notre propre intérêt.

Ainsi l'idéal se constitue, par notre assimilation de l'abstrait, de ce que nous pouvons faire descendre en nous d'au delà. L'idée au contraire est l'essor que nous pouvons prendre, le point où nous montons, le sommet de notre élan.

L'idéal a fait les saints et les génies parcequ'il est virtuel; l'idéal œuvre, parle, agit ; il voit la couronne de la gloire ou la palme éternelle : la foi est un idéal.

Plus haute, mais sans action, l'idée pure, opération de l'entendement, sans exclure l'enthousiasme ne le nécessite pas.

Les plus grands penseurs ont été inconnus de leurs contemporains ou méconnus, tels Spinosa, d'Olivet, Éliphas, Lacuria.

Une humanité de belles consciences serait plus admirable qu'une autre de beaux esprits.

Interrogeant la littérature des trente dernières années, on voit comme la perversion de la conscience est bien le symptôme décadent.

Outre que l'individu oppose son bon plaisir seul à de grand intérêts et à de vénérables lois, l'imagination prend sa carrière dans le mal et s'applique à enseigner une contre morale et les rites de l'antiphysisme. La conscience est la santé de l'âme. Une décadence étant une vieillesse, cette santé se perd et les vieux peuples, tous byzantins ravivent leur sensibilité éteinte, par des excentricités, comme les esprits las se plaisent, à l'erroné, voire à l'absurde.

Ce qui illusionne longtemps le contemplateur peu appliqué, c'est la continuation de la force ac-

quise qui permet à une société de durer économi-
quement, bien après qu'elle a perdu son âme :
comme chez le défaillant, la vie se prolonge, alors
que les facultés ont baissé, au point de disparaître.
Alors les passions sont sans audace, ni suite, ni
force ; les mœurs paraissent régulières, les hommes
étant las et mornes. Le phénomène dont un solitaire seul se défend, c'est l'acceptation lente et
progressive du sens commun. Il est si pénible de
réagir et si hasardeux d'exprimer cette réaction,
quand l'opinion a édicté une inconscience : car la
conscience est l'individualisation de la vie et « la
vie est la lumière de tout homme venant en ce
monde. »

Il y a beaucoup à admirer chez l'animal ; il est
époux et père, il engendre, il aime. La lionne ne donnerait pas ses petits au recrutement tandis que la
mère chrétienne n'a jamais osé protester contre un
Bonaparte : seules, les Milanaises, glorieuses entre
toutes les femmes de l'univers ont détaché la loco-
motive du train qui emportait leurs enfants à une
guerre impie.

On voudrait que ceux qui nous aiment, nous
aimassent comme des tigres ou seulement des
chiens.

Les physiciens ont cherché les semblances mor-
phiques de l'homme et du gorille, pour le plaisir

stupide, d'inscrire l'homme à la colonne des mammifères. Leur secret dessein étant d'attaquer le spiritualisme, ils auraient mieux servi leur thèse, en prouvant, par une observation aisée, que l'animal possède la plupart des passions de l'homme, souvent plus fortes, et qu'il y a bien peu de différence morale entre le commun des mortels et le commun des bêtes. Le gorille qui se laisse mourir de faim, après la mort de sa femelle, le chien qui meurt sur la tombe de son maître, sont autrement parents de l'homme que l'animal qui aura le même nombre de côtes que lui et un pouce opposable aux autres doigts.

Nous arrivons à une obscurité : l'idée de l'être et du non-être en métaphysique, comprend l'échelle ascendante et descendante des rapports : mais avant d'exister en abstraction dans le cerveau, la distinction d'être et de non être est le premier phénomène de la conscience opérant sur elle-même. L'homme se conçoit isolément de ce qui l'entoure, il voit, il sent les relativités confuses de l'ambiance ; plus tard, développé, il haussera sa vision et cherchera non plus son rapport, ni ceux des éléments, mais celui de sa conscience au milieu du cosmos : et en face de l'idée d'origine et à mesure qu'il observera, l'idée d'un être, qui a tout fait, lui viendra d'une façon rigoureuse. La périodicité des phénomènessurtout l'aurafrappé, jour et nuit, et saisons. Son critère c'est lui-même ; il découvrira la limite de son application, le peu que produit son effort et l'impossibilité, qu'un homme semblable à lui, ait pu d'avantage.

Quand il vit jaillir la première flamme, l'eau d'une crue marcher sur lui et la foudre briser son abri, il eut peur ; il pensa l'impossibilité d'une lutte avec l'invisible, et il supplia les manifestations même de la Puissance, le soleil et la lune et le feu. Si une circonstance l'a sauvé, sous un arbre, d'un péril ; cet arbre est devenu un protecteur, un fétiche et dans le tâtonnement de sa conscience, l'homme primitif a montré plus de génie, sans aucun doute, que Descartes à écrire sur la méthode.

Le développement de la conscience a commencé avec la volupté. La première fois que l'homme, dit pré-historique, sentit le formidable phénomène du spasme sexuel, il fut changé : la vie prit un sens autre que celui de la force et de l'adresse ; et l'univers passa au second plan de sa préoccupation : de toutes les sensations réfléchies par la conscience, celle-là, par sa violence et ses harmoniques prolongées, fut une révélation. Après la vibration, l'homme rêva ; il eut son premier mouvement d'âme sans objet contingent, et levant les yeux vers le ciel étoilé, il se posa

7

la grande question de son être propre. Ce ne fut qu'une confuse émotion, sans idée exprimable, mais n'ayant que sa compagne pour terme de jugement, il conclut, qu'entre elle et lui existaient des relations étroites et profitables à pénétrer, et que les phénomènes de la nature étaient moins complexes que ceux de son intériorité. Il sut que la plante et l'animal ne possédaient pas la faculté de réflexion, il vit la limite de l'instinct et l'illimité de son sentiment, et malgré la part de la nécessité, il vécut dès lors une vie intérieure et s'appliqua non plus à fortifier seulement ses muscles, mais aussi, cette faculté qui était en lui de prévoir, de comparer, de classer les manifestations de la vie.

L'idéal est l'idée passionnée ; l'idée, l'abstraite conception de la lumière.

La conscience détermine l'idéal ; on érige en principe sa tendance, ou bien l'idéal timbre la conscience d'inconscience, comme chez le militaire.

Un faux idéal produit plus de crimes que les pires passions : et le souci de l'Eglise contre les idées subversives fut légitime. Mais il fallait les confondre par les prestiges de l'esprit ; on opposa la torture a la pensée, et la pensée même erronée l'emporte sur la torture. Voilà pourquoi, catholique fervent, je tiendrais pour relique, un lambeau du froc de Savonarole.

L'autorité, en matière spirituelle, n'est que la brutale pesée d'une consigne, au lieu de l'éternelle persuasion renouvelée en ses modes. Chaque période a sa raison, que n'eut point admise la précédente et qui ne conviendra pas à la suivante. Au treizième siècle, la scolastique persuadait ; dès la Renaissance, on voulut, non des argumentations, mais des analogies tirées de l'expérience. Descartes et le Grand Pascal sont aussi théologiens que philosophes, Kant a correspondu sans doute à une catégorie d'esprit. Actuellement, l'élément d'évidence s'appelle la comparaison. Les mots de Gentils, de Païens, d'infidèles ne signifient plus qu'une date d'ignorance ; et vainement le Concile de Trente a déclaré l'identité et l'égalité des deux Testaments, la science les juge antagonistes et sans liaison.

L'idée a eu ses martyrs comme la foi : et la foi se constitua en bourrèle de l'idée, toutes les fois qu'elle a été forte.

Nos passions sont les mêmes aux objets différents : et on a plus tué au nom de Dieu qu'en aucun nom ; l'histoire le prouve, et nul ne s'est demandé comment la sainte exaltation présidait aux charniers les plus colossaux, les plus renouvelés : et comment le fanatisme a été le grand coutel de l'humanité ?

La réponse étonnera : le pouvoir ou spirituel ou

politique n'appartient pas aux saints ; le fantôme d'Hypathie suivra éternellement saint Cyrille ; les Albigeois massacrés font un cortège sinistre à Blanche de Castille. Il appartient aux hommes d'idée pure, aux abstracteurs, aux métaphysiciens, à ceux qui n'épousent ni leurs passions, ni celles du temps, et que l'idée seule régit.

Car l'idée seule est pure, seule clairvoyante, seule impersonnelle ; seule inspirée, seule équitable, seule divine. L'humanité ne produit-elle plus de penseurs intègres ou bien les repousse-t-elle de ses grandes fonctions ?

L'homme qui pour réaliser sa mission ne devrait être qu'idée, le pape, n'incarne, hélas, que l'évêque de Rome. Jamais sa charité ne dépasse son étroit troupeau ; custode des plus grands trésors du monde, il conserve des formes où la pensée séculairement ensevelie ne brille plus que d'une lueur pâle et vacillante.

On croit que l'abstraction n'offre qu'une matière au discours ; elle seule règle toute magistrature. La vie ne nous présente que des passions : l'éternité ne sera que l'idée, mais non pas froide et inerte assertion d'écrivain ; car l'idée vit, non par des affectivités et le courant alterné des attractions et des répulsions, mais d'une sorte stellaire, sans intermittence : et son sentiment n'est qu'un amour immense de celui qui est l'Être, et dont la conception éclaire aussi bien les perplexités de l'homme d'état que les recherches du penseur.

Il faut que l'idée s'incarne dans humanité et une seule fois elle a pu, intégralement vaincre les conditions de la réalité. Cette fois c'était Dieu qui s'enfermait aux contingences et qui s'involuait lui, l'Absolu, aux limbes de la relativité !

III

LA VOLUPTÉ ET LA DOULEUR

Le dévot voit une antimonie insoluble entre la volupté et la vertu ; le fameux sens commun estime que l'amour n'a point de chance aux mariages. L'homme sage ne demande pas à la même personne ses plaisirs et ses enfants.

La volupté a sa hiérarchie : il y en a une de l'âme et une autre de l'esprit. On jouit de plusieurs sortes, on s'enivre de divers vins, et il est enfin des passions qui n'ont pas les personnes, pour objet.

L'Epicurien a-t-il tort de chercher la jouissance ? Non, son erreur est de ne percevoir que la moindre forme, la physique.

Fourier ne se trompa qu'à moitié : en revendiquant le droit des passions, il vit bien ; il ne sut pas les subordonner, en une ordonnance logique, il les voulait lâcher comme bêtes folles, en un pré. Le mystique a-t-il tort de fuir la jouissance? Non, son erreur est de ne pas s'avouer qu'il jouit sous une autre forme que l'épicurien et dans une sphère plus élevée.

Un viveur est un sot, parce que il vit peu, mal et qu'il ignore les rites véritables de la vie.

Fréquenter des chevaux, et des hommes à peine plus évolués, tourner dans un cercle de repas nocturnes et de nuictées faciles, et surtout se contenter de joies, que le décrotteur goûterait sans effort, c'est bêtifier et non pas vivre.

Les femmes honnêtes débordent d'envie en face des malhonnêtes, parcequ'au foyer elles ont entendu toujours affirmer la malhonnêteté de l'amour, selon le sens commun.

Il semble que vice et vertu soient des professions, des carrières et comme des offices et des charges: un débauché fait davantage pour maintenir sa réputation que pour sa joie; et le dévot ne se croirait point tel, s'il était pitoyable aux pêcheurs. Enfin la sainteté n'est plus considérée que comme un fruit de la prêtrise ou du cénobitat: on ne canonise que les gens de sacristie. Fausse conception, le nimbe n'est pas le prix seulement de l'obéissance du tiers-ordre, il couronne, en virtualité toute perfection continue : application à l'idéal; et surtout il couronne l'œuvre, qu'elle agisse sur l'entendement ou sur la conscience, qu'elle fomente des esprits ou des âmes, pourvu qu'elle tende à l'idéalité qui est la voie unique vers le bonheur éternel.

Le déterminisme de la sensation se résume en deux lois.

La sensation d'espèce est celle animale qui reste identique, chez l'individu selon la race, l'âge le climat et l'habitude.

La sensation individuelle qui dément celle de l'espèce ; selon cette troisième loi :

« Le déterminisme animique transmue la sensation d'espèce, de douleur en volupté ou bien l'inverse. »

Le déterminisme intellectuel fait plus que de transfigurer la douleur, il l'emporte sur la réalité cosmique et autres témoignages du non-moi.

Des exemples sont ils nécessaires ?

Le jeûne, la mortification de l'ascète revulsent la loi d'espèce.

La foi et l'amour transmuent la douleur, a tout coup, en volupté. Enfin tel homme vit et meurt, en contradiction consciente avec son milieu, son intérêt, son temps, par seule adhésion mentale à un idéal rétrospectif ou conceptuel.

Celui qui entend des voix est fou ; mais le nabi, le génie, le mystique qui entendent un verbe ?

Celui qui croit voir des fantômes, s'appelle halluciné ; mais Léonard a vu longtemps le sourire et le regard du Saint Jean avant de le peindre.

Le témoignage des sens est certain, mais il ne témoigne que de la sensation ; et la sensation a deux façons d'être, l'animique et la spirituelle.

Jeanne d'Arc a-t-elle eu des visions ; nul n'en doit douter. A-t-elle vu ce qu'elle a cru voir : la critique ne saurait s'y arrêter, car le phénomène est individuel et il n'y a qu'une preuve et au profit de la Pucelle, elle a vécu, elle est morte conformément à ses visions. Quel témoignage un être donnera-t-il de sa véracité que de réaliser sa mission et de la contresigner, de son sang ?

Le déterminisme du phénomène n'importe qu'à la science, non au patient.

J'ai vu le Saint-Esprit, au finale de Parsifal, a Bayreuth : que signifiera la plus savante critique sur cette impression ?

L'aspiration au bonheur est la plus légitime mais il y a antinomie entre l'immédiate satisfaction et l'éternelle, entre la joie des sens et celle de l'âme, entre les passions et la pensée.

Il est sûr que celui qui jouit du vin est à un degré plus bas que l'autre qui vit une forte passion et que l'enthousiaste l'emporte sur les deux.

Il est démontré par l'expérience qu'on ne se développe pas simultanément en tous sens et que l'idée de salut renferme surtout une leçon de préférence, dans le choix des plaisirs.

Les passions ont la qualité de leur objet ; il y en a donc de nobles et de basses, de vivifiantes et de délétères ; aussi on les juge par leur effet. Les unes rendent purs désintéressés, héroïques, aboutissent à l'œuvre et à la prouesse, les autres enlisent, dépriment et nuisent au prochain autant qu'à soi-même.

Toutes cependant se résument à l'amour : est-il si difficile de voir où l'amour de l'homme se place dignement ? D'instinct il aime la vie en lui, et la vie est aimable vénérable et sublime ; d'autant plus il faut l'aimer dans sa plénitude, sans s'arrêter à cet entr'acte de la mort. Il faut l'aimer, dans son âme élevant sa passion au lieu de la nier, en son esprit en développant la succession ascendante des notions d'Abstrait.

La sensation ne l'emporte pas sur le sentiment, elle endort un moment la conscience sans la vaincre, au lieu que la conscience fécondée par l'idéal se rit des déterminations de joie et de douleur. L'âme est maîtresse des sens, non pas d'une façon native, mais selon l'application.

Le Boudha, en sa charité, enseigne de contredire la réalité, faute de pouvoir contredire la destinée et il donne ainsi l'insensibilité en guise de bonheur : il n'a rien été trouvé de plus expédient, mais la douleur n'est pas tarie sans que la vie elle-même se raréfie, et perde son caractère de bienfait.

L'immobilité des civisilations boudhiques comparée à l'activité prodigieuse des nations chrétiennes montre combien la réforme de Gautama, éblouissante par sa douceur et ses bénéfices immédiats engendre de maux négatifs.

Le maître de Kanada a regardé la Vérité du côté du non-être, et il a opéré sur la vie même, en restreignant la sensibilité ; il a rejeté l'homme dans l'inactivité, il a proposé la contemplation cénobitique à l'humanité et arrêté la vie sociale partout où son verbe a paru.

A l'opposé, l'islam a créé un état de belligérance qui fait de cette communion le danger antithétique.

Entre ces deux termes, l'un exagérément passif, l'autre aveuglement actif, le catholicisme resplendit d'une excellence incomparable, car il contient la double solution boudhique ou négative, islamique ou positive de la vie morale.

Diminuer la douleur, l'éteindre autour de soi, c'est l'office divin ; l'incarnation apparaît l'acte inneffable de la pitié divine et toujours la pitié sera la muse éternelle, et la charité, l'art des arts, car il lutte contre toute la laideur, maladie, pénurie, péché, erreur.

La douleur est une fonction essentielle et presque le mouvement normal de la vie qui en somme n'apparaît une souffrance devenue habituelle.

L'incessante contrariété que la vie organique, la vie passionnelle et la vie sociale triplement nous présente, ne s'arrête pas au seuil de l'esprit : et le doute, l'obscurité du mystère, la difficulté de s'y appliquer, constituent encore de la douleur ; même si l'homme atteint l'hénosis ou l'extase, il l'a péniblement obtenue par une ascèse rigoureuse et la souhaitera encore avec impatience et un déchirant regret. La douleur limite l'homme de toutes parts : chaque notion veut une contradiction : il n'a point d'abri, ni de défense, il faut qu'il souffre parceque la vie est souffrance. Mais sa merveilleuse nature se discipline s'habitue et bientôt, il n'y a plus que les imprévus ou les aggravations qui le trouvent sensible.

En revanche, il garde une réceptivité subtile au moindre agrément, et profite du simple répit.

Le pire état de l'âme est le désespoir : plutôt que de sentir le dégoût de la vie, mieux vaut s'émouvoir aux passions, car la vie s'appelle vraiment le devoir, et la pureté qui aurait un goût de mort, serait fausse et mauvaise.

En religion, on exècre l'amour profane, on le méprise : cela se conçoit pour ceux qui ont su se prendre à aimer Dieu même, mais on a trop vivement fait le procès de la passion, elle a un rôle providentiel.

Quels que soient ses périls et ses excès, elle contient une expiation si immédiate, si permanente, que ce péché par excellence se trouve puni sitôt que vécu.

La volupté n'est pas ce fait positif, que des gens très éloignés d'elle, ont conçu : hors de ce qui la précède et de ce qui la suit, elle se mue, protée insaisissable de joie en peine et d'angoisse en exaltation, avec une diversité subite qui constitue pour le passionné, une redoutable ascèse.

Jouir est une manière de souffrir : et pour le mystique le contraire a lieu ; quand l'âme domine absolument la sensation, souffrir devient une manière de jouir. C'est la manière des saints, de ces alchimistes de la sensibilité qui révulsèrent les impressions de la vie, la forçant à signifier virtuellement non la réalité d'espèce, mais leur idéalité consciente.

Les mystiques, qui nous ont laissé l'expression de leur âme, ne pensèrent qu'à ceux qui devaient les imiter et n'expliquèrent pas leur parti, en apparence exagéré, de nier la Norme sérielle, pour s'élever à un plan supérieur.

En face des prouesses de la mortification, de l'abstinence et du renoncement, le chrétien de la vie active se trouble, s'humilie et se juge abominable.

Dans l'Inde, le fakir qui a su ankiloser son bras et faire pousser les ongles de la main à travers la paume, semble au commun des hommes un vivant défi.

Cependant le simple chrétien vraiment respectueux de ses parents, indulgent pour sa femme, ferme pour ses enfants et qui, honnête en son métier amène en ses rapports, accomplit les devoirs de son état et de sa caste, sans défaillir, s'appelle un juste et mérite la vénération.

Entre le destin de la carmélite et celui de la mère de famille, on ne sait vraiment de quel côté est la plus rude épreuve.

De même, les bénéfices de la vertu paraissent évidents, en face des fatales aventures du péché.

Hercule entre deux femmes l'une d'aspect sévère, l'autre accueillant, figure bien le mérite du choix : mais si on dessinait la suite de l'allégorie, on verrait que la voie droite est de beaucoup la plus aisée.

Ce n'est pas toujours si volontiers que l'homme

va au péché : si la vertu se présentait aimable, elle serait préférée, car au sens intime de tous, elle vaut mieux.

Entre nous et le mal ou le bien, il y a souvent peu de distance ; on se perd pour un rien et on se sauve, par des nuances de plus ou de moins.

Les grands traits de l'art, la vie ne les donne pas : au réel, tout se réduit, on ne retrouve plus cette netteté de la fiction qui synthétise en caractères tranchés ; et le scélérat est aussi rare que le saint, tandis que le médiocre pullule aux deux sens.

Ce qui résulte de l'étude traditionnelle, c'est que l'homme a un majeur intérêt à jeter les aigles de son désir dans la nue ; le désir qui plane ne bute pas aux achoppements de la réalisation et surtout n'augmente pas l'abominable cohue des ambitions et des appétences immédiates.

Le bonheur réside dans la conception adéquate à sa propre nature : cherché dans la sensation, il animalise : poursuivi à travers les passions, il perd et consume ; exhaussé jusqu'à un idéal, il échappe aux négations des hommes et des choses : et c'est là, le seul triomphe de ce monde.

IV

La première antinomie fut l'antagonisme de la volonté humaine et de la Norme naturelle. L'homme primitif, en face de la mer, considéra cette barrière liquide aussi infranchissable, que l'immensité bleue d'en haut semblait intangible. Le roi de la création, comme il est dit, observa que la nature souffrait violence dans une mesure restreinte ; qu'il pouvait incendier la forêt avec une brindille enflammée non pas résister lui-même à l'action de la flamme. Il commença donc à opposer les éléments entre eux, pour les dominer : le bois surmontait l'eau et n'était point submergé ; celle-ci éteignait le feu : de l'expérience, il résulta que la nature avait des lois rigoureuses : et qu'elles reliaient les éléments entre eux.

La civilisation prétentieuse d'aujourd'hui a enseigné, quelques expériences de physique mais n'a point donné de théorie. L'Astronomie a chassé l'astrologie, et ainsi le monde sublunaire est étudié en dehors de l'univers.

Robert Fludd compare les étoiles fixes à des mamelles qui distillent la vie substantielle au monde élémentaire. Cette théorie de l'émanation créatrice se canalisant indéfiniment, faisant l'éclat du soleil et le dernier groupement moléculaire, est spécieuse.

Le minéral, dernier degré de la contingence, coagulation de la matière terrestre, principe féminin et passif, opéré par l'influx d'en haut, joue ici le rôle animique.

Le diamant, la pierre précieuse apparaît celle ou la vie astrale abondante a sublimé la matière. Non seulement la pierre vit, elle évolue, et tend à une sorte de perfection : la gemme.

Le végétal reçoit directement du soleil le rayon qui vivifie ; quant à l'animal, transition entre le végétal et l'homme, il participe des deux.

Dans l'analogie du macrocosme au microcosme, la tête correspond à l'empyrée, le plexus au ciel éthéré et le ventre à la région élémentaire.

D'où les trois âmes intellective, vitale et sensitive : Fludd dit exactement que l'âme est intelligence ou raison, suivant que son opération est abstraite ou ratiocinante. Or, la raison appliquée à la vie n'est qu'un développement de la conscience tournée vers l'absolu, elle rentre dans l'abstraction. La réfutation de Gassendi ne vaut pas plus qu'une critique de l'Astrologie, faite par le bureau des longitudes.

J'ai là, le *Petit Journal*, le papier le plus lu de France ; on y dit, en première colonne, que l'empereur de la Chine, adore le soleil, la lune, le vent et la pluie, dans des temples spéciaux. La critique sur la Magie opère avec cette érudition et une même bonne foi.

L'expression des rapports de l'homme avec la nature paraît aux modernes un paganisme, mot déprécient, quoique notre admiration soit encore agenouillée à ces païens autels.

La vision des ermites de la Thébaïde offusque encore nos yeux : on sait leurs tentations, leurs visions ; et on éprouve leur sentiment d'antagonisme contre la création.

Jeûne, macération, ascétique outrée, attaquent la norme organique et les réactions sont dangereuses. Les ermites s'étaient placés dans la solitude où la nature a toute sa force sur l'homme. Ils ont montré la puissance de l'idéal et à quoi l'homme peut plier sa nature, mais ce ne sont point des modèles. **Leur voie personnelle, sublime** enlève notre vénération : celui qui nous les donnerait en exemples, se tromperait.

Saint François avait réduit en son cœur l'antinomie du Cosmos et de l'homme, par le miracle de son adorable cœur : il aimait l'astre et la fleur et l'oiseau. Or l'amour commande les séries et les unifie, sans effort.

Le bureau météréologique d'une capitale moderne élabore à peine un bon almanach ; et tel paysan possède la faculté de prédire les accidents de température, plusieurs mois à l'avance ; faculté et non science, « le pouvoir, » comme on disait, en son village.

Malgré les notations de détails, la nomenclature des extériorités et des phénomènes, la vie garde son mystère. Les illuminés seuls, en qui l'influx supérieur rayonnait, ont dit quelques paroles élucidantes mais ils furent impuissants ou négligents à prouver, et leur art qui fut comme une propriété de leur nature, mourut avec eux. Raphaël voyait la beauté. Un siècle après lui avait-elle disparue ? Non, mais il n'y avait plus d'hommes pour la voir. Ainsi la vérité est perçue par quelqu'un, quelquefois.

On n'imaginera jamais de si étroits rapports et incessants que ceux unissant la terre au ciel et l'homme au Cosmos. Le Panthéisme représente un excès de conclusion : tout ce qui est, participe à l'Être.

Il y a un idéal cosmique de durée, de régularité de renouvellement, auquel tendent et les astres et les métaux,

Il y a une conscience cosmique d'accomplissement sériel, une émulation vers la vie parfaite.

Pascal nie la conscience de l'univers et il se trompe : la conscience de la matière est sa Norme ; est-ce à dire qu'elle puisse désobéir et révulser la loi ? Non.

Le microcosme ou l'homme est le compas qui mesure le macrocosme : voilà la loi delphique, et la vérité !

Toutefois l'esprit moderne conçoit mal ces relativités, ces degrés de l'être : à force de simplification et de paresse à déduire, il catégorise brutalement ; on fait en science les grandes artères d'un Baron Haussmann; le cordeau passe sur le mystère comme la rue Rivoli a failli passer sur la Tour Saint-Jacques.

Prudente, pondérante, la science accomplit son office, en criblant les apports divers, afin que le rêve n'envahisse pas le domaine des certitudes : œuvre impersonnelle de sagesse, fonction collective, charge abstraite.

Mais le savant, l'individu appliqué aux choses naturelles, se figure la nature sans âmes et ne communie pas avec elles : il n'aime pas et se refuse dès lors le phénomène de l'inspiration qui fait les découvertes comme les chefs-d'œuvres.

Les livres d'observation et de didactisme se croiraient disqualifiés, si le cœur y perçait, si par instant, un mot semblable à une élevation lyrique, à un essor d'oraison, les vivifiait.

A force de spécialiser, en un esclavage perpétuel des catégories, les matières trop divisées et morcelées se dessèchent, s'isolent, insociables entre elles, et infécondes par la stricte observance de leur domaine respectif.

Le vieil Hérodote mettait le nom des muses en tête de ses livres ; l'Orient et le Moyen-Age finissent les traités ardus par un souhait au lecteur et un hommage à Dieu : et cette trace d'humanité n'enlève rien au mérite de l'enseignement.

Le matérialiste, qui devrait reporter sa religiosité sur la seule puissance qu'il admette, n'a pas le culte de cette réalité au profit de laquelle il a vidé le ciel. Elle ne touche point son cœur.

Si Haëckel, au lieu de remplacer la métaphysique par la fantaisie physique, et pédante, bornait le *Monisme* à un système promulgateur de l'unité matérielle, il suivrait les occultistes et aussi la vérité.

Le double courant, des fluides qui s'involuent et des gaz qui évoluent, représente une vivante échelle de Jacob où la matière monte et descend, en modalités successives.

Saint-Thomas dit par exemple ; *Calor est effectus caloris, médiante motu* : la chaleur est du mouvement fluidique ; et on vient de démontrer que le rayon solaire se revêt de caloricité par sa combinaison avec la couche d'air qu'il traverse.

La vie cosmique représente donc un Océan où tout est baigné d'un même élément, indéfini en ses modalités, et l'homme participe à cette loi d'ensemble, quelque soit la faculté réactive de sa conscience.

Rien d'aussi injustifié que l'expression de surnaturel qui désigne un phénomène inclassé.

« Ce qui est audessus de la nature » ; de quelle nature ? sinon de notre propre entendement. Le miracle ne nous paraît tel, que parce qu'il disconvient à notre déterminisme : mais quel savant se figure que son déterminisme englobe le phénoménisme ?

Les mondes naissent, vivent et meurent comme des hommes : l'astronome assiste à leur vie grandiose et rencontre une antinomie exclusivement sentimentale entre l'idée de l'univers et son impression d'individu.

Il y a une vie universelle qui englobe celle propre à chaque monde ; à son tour chaque série s'individualise selon sa norme propre et l'homme au centre de tous ces rapports, participe par sa sensation, aux courants de l'économie cosmique.

Saint-Grégoire dit : « l'homme a la réalité comme la pierre, la vie comme la plante, le sentiment comme l'animal, l'intelligence comme l'ange. »

Même si on niait l'existence de l'ange, on ne contestera pas que l'intelligence soit l'attribut par excellence et constitue la prérogative et la dignité de l'homme. Or, comme la réalité a la vie pour but et que la sentimentalité reste la condition de l'intelligence : celle-ci a un objet déterminé hors d'elle, et ce n'est certes pas une connaissance plus ou moins exacte du phénomène physique. L'intelligence n'est pas nécessaire à la vie, ni même à l'affectivité.

L'espèce humaine se perpétuerait, sans pensée comme une autre espèce animale. Elle a donc une loi d'évolution qui la force à un développement contradictoire à la vie organique.

La vie sociale, et son fruit la civilisation, conduisent l'homme à un destin si différent de la vie sauvage et primitive, où la force et l'adresse étaient tout. On ne peut, sans aveuglement nier à l'intelligence une application tout autre que celle d'assurer l'existence.

L'animal reçoit la vie et l'homme doit la conquérir sans cesse dans sa lutte contre les éléments. Par sa nature, il n'est ni armé contre les grandes bêtes, ni à l'abri de l'insecte, et réduit aux bois, il serait le plus malheureux des mammifères. De cette infériorité organique, la sociabilité a pris sa force : l'homme qui doit cuire son pain et tanner la peau de bête qui le couvre, n'évolue pas. La condition sociale est celle de sa nature, mais là encore le but de l'intelligence n'est pas suivi ! Elle ne s'applique qu'à la nécessité.

L'objet de l'intelligence est le mystère, qu'il soit cherché aux phénomènes ou bien qu'il consiste à supposer ce qui n'est pas littéralement exprimé dans la nature, ensemble de symboles vivants et de mouvements qui révèlent c'est-à-dire qui montrent à travers des formes, les lois même de notre devenir.

En contemplant avec quelle rigueur, le satellite gravite autour de l'astre et la saison revient par période distribuer à l'individu, plante ou animal sa part d'existence : comment ne pas s'éblouir à l'évidence, que l'homme possède une faculté dont la nature n'est pas l'objet ; et surtout que cette faculté développée pendant la vie organique aura une vie propre et surélevée, par la loi parallélique du devenir.

Supérieur en essence à l'univers matériel et le contenant, il y a un univers des esprits, aussi immédiat que l'autre. Nous participons aux anges par la pensée, comme nous participons à l'animalité par notre corps.

Le rustique a-t-il jamais regardé les spectacles de la nature ? Sa sensation s'est émoussée, suivant l'effet de l'habitude : ainsi le civilisé, appliqué à des études stériles ou pratiques, avec tous les outils de la recherche, livres et leçons, ne découvre pas l'objet de sa culture, qui est la définition ou la vision de l'infini, la conception idéalisante de l'absolu !

Chaque fois qu'on parle du mystère, le moderne dit : « expliquez-le ! »

Ce n'est pas de cela qu'il s'agit ! Si le médecin devait expliquer au malade son diagnostic et légitimer son ordonnance par la parfaite convenance des ingrédients aux symptômes, il y aurait peu de médecins sans doute, mais beaucoup plus de morts.

Celui qui ne voudrait boire, arrivé à un certain âge, qu'il ne connût d'abord les modalités des gaz qui forment l'eau, ou manger du pain sans avoir percé le secret de la graine, serait semblable à qui repousserait le mystère, faute de le concevoir.

Le mystère est le pain et le vin de l'homme, et le génie représente la faculté de le sentir profondément et de le révéler, c'est-a-dire le faire sentir aux hommes.

V

L'HOMME ET LA SÉRIE

Quelle est la place de l'homme dans l'Etre ? En face de la série décroissante, du mammifère au polype, peut il croire, qu'entre Dieu et lui, il y ait lacune ? L'intelligence n'aurait point sa série, parallèle à la matière, et se bornerait à ces trois termes : Dieu, l'homme, l'univers.

Le génie, la femme jeune et belle, diffèrent tellement des exemplaires communs qu'ils nous préparent à penser, à des êtres plus subtils encore dont la beauté soit essentielle.

Le monde corporel reproduit inversement le spirituel : ainsi l'enseigne l'analogie. D'après, ce qui est dit en bas, l'homme : supposons ce qui est en haut. Que nous l'appelions ange, esprit, nous concevons des créatures supérieures à nous comme nous sommes supérieurs aux animaux, et nous considérant comme le type le plus élémentaire de l'esprit, nous exhausserons notre faculté majeure qui est l'abstraction, définissant l'être supérieur à l'homme sans organisme : âme, esprit, conscience, idée.

Le rapport de cet être à l'humain sera analogue au notre, en face de l'animal.

Ici se place une croyance où la religion et la magie se donnent la main, sœurs sur ce point ; les bons et les mauvais anges. Saint-Denys et les Platoniciens n'admettent pas cette dualité des esprits purs et impurs, ils se servent de l'expression de démon qui signifie, *intermédiaire*. Le mot diable signifie autrement.

Platon n'a pas dit : « Eros est un diable » il a dit un démon. Le diable, celui *lancé à travers*, le désorbité, se divise en élémentaire et en élémental, et désigne des esprits obscurés ou avortés, les embryonnaires qui se débattent dans les limbes formant une bande neutre, à la frontière de chaque série, un interland.

Le spiritisme s'appelle ambitieusement le spiritualisme : il n'a pas de valeur doctrinale mais une incomparable importance phénoménique

Organique et intellectuelle à la fois, la constitution de l'homme a sa comparaison immédiate dans le mammifère, s'il regarde au dessous de lui. Au-dessus, il ne peut y avoir qu'un être plus intellectuel que lui, l'ange ou esprit.

Quelle relation de vie existe de l'homme à l'ange ? cette question ne peut être posée qu'à la religion : la philosophie se borne à l'analogie.

Comme il y a une série interrompue du bas au sommet de la vie à forme organique ; il y a une autre série ininterrompue, du bas au sommet de la vie intellective à forme inorganique.

Cette analogie ne souffre pas d'être repoussée elle réalise avec rigueur des principes démontrés par l'expérience.

Le peintre Courbet disait « montrez-moi des anges, je les peindrai » et le positiviste dira « manifestez moi les anges et j'y croirai ». Mais de Giotto à Angélico, tous les grands peintres ont vu les anges, et la preuve en est matérielle, puisque l'histoire de la beauté ne serait que l'étude de l'Angélologie dans l'art,

Un des thèmes essentiels de la Foi est ce péché originel, exclusivement basé, comme « l'homme à l'image de Dieu » « le croissez et multipliez » — « La femme de Loth et celle de Putiphar, — sur des fantaisies de traduction, d'un seul texte d'origine égyptienne et de langue hébraïque.

Le Paradis terrestre fut une hallucination de

l'esprit humain : l'Eden signifie simplement la stase élémentaire. L'innocence du premier couple, sa faute, tout ce drame sacré a séduit l'imagination de l'univers ; mais, nulle part, Jésus n'a confirmé cette version pittoresque des origines.

Le péché d'Adam est-il un péché individuel. En ce sens le genre humain n'aurait pas assez de malédictions pour un homme qui a perdu toute l'espèce.

Le péché d'Adam est l'imperfection sérielle de l'humanité, imperfection inhérente à l'espèce, qui se retrouve en tous ses membres et dont Jésus-Christ est venu nous racheter (1). La damnation du premier homme exprime la loi d'évolution, par l'effort et la douleur.

Il était plus simple et plus conforme à la nécessité de répression du langage religieux, de raconter la désobéissance que d'expliquer les transitions sérielles.

« L'homme créé à l'image de Dieu, » fait partie de ces erreurs de traduction de ces entêtements d'explication, qui depuis l'aube du catholicisme dénaturent le verbe vraiment divin de Jésus.

Les Œlohim (Eux-de-Lui) les délégués, les mes-

____

(1) V. Les XI chapitres mystérieux du Bereschit, traduits pour l'ordre des Rose et Croix. Paris Bailly.

sagers, les anges artistes et modeleurs qui élaborent la forme humaine, d'après leur ombre portée, comment sont-ils devenus Dieu le Père lui-même ? Comment, ce scenario du théâtre initiatique, de la féerie cathéchistique égyptienne, est-il devenu dogme dans l'église de l'Evangile !

Le premier degré de l'être est le cosmique ; le second l'astral ; le troisième la terre ; le quatrième l'individu ; et le cinquième, la personne.

L'animal s'appelle un individu, l'homme est une personne par la conscience : mais comme l'enseigne Aristote ; « l'intellectuel peut devenir toute chose et non le passionnel. » Le plan du devenir sera donc l'intellectualité ou la conscience, de sensible devient abstraite : l'abstraction apparaît donc l'opération angélique.

Entre ces deux limites du monde sensible et du spirituel, l'homme placé, comme entre deux aimants, penche en bas, attiré par la contingence et s'animalise ; ou il cède à l'attrait supérieur, et évolue.

L'antagonisme de deux forces existe, perpétuel : chacune rayonne, l'une des ténèbres, l'autre de la lumière sur la conscience qui oscille, de l'une à l'autre.

Si, une fois, la volonté se dédie à l'idéal, l'attraction d'en bas se rompt, pour ainsi dire, et l'élection commence. L'âme suspendue à l'intelligence se purifie, se transfigure : la paix est trouvée, le salut assuré. Par sa nature, l'esprit alchimise la conscience, la rend brillante et pure.

« Si nous recueillant, nous cherchons la perfection nous trouverons qu'elle est, ce qu'on connaît le premier, puisqu'on ne connaît le défaut, que par une déchéance de la perfection. »

Ainsi parle Bossuet : l'idée innée est en puissance et paraît fatalement à un point de développement précis de la conscience.

Notre conceptualité procède par l'antinomie de la limite et de l'absolu, mais la limite antérieure est indéfinie : notre esprit va plus loin et plus haut, dans la connaissance de l'idée, que dans celle du fait.

Combien de formes, l'architecture a-t-elle trouvé pour exprimer tant de religions diverses ? Si peu, que les grandes religions et les plus ennemies ont dû s'emprunter des profils et des motifs ? —

Le Temple de Jérusalem fut construit à la phénicienne, le Sacré-Cœur est bysantin, la Madeleine corinthienne. La forme est donc limitée étrangement ; au lieu que la pensée d'une même époque produit Comte et Gratry, Lacuria et Fourier, Quinet et Lacordaire, Lamennais et Eliphas Levy.

Les combinaisons de la pensée sont indéfinies :

et sur ce terrain seul, la carrière paraît illimitée : car l'idée de Dieu n'est pas une limite, elle nie toute limite, sauf celle de notre conceptualité.

Cette relativité inéluctable nous force à penser par distinctions, à concevoir par attributs, à personnaliser par qualités : mais les notions qui en résultent, sont cependant rigoureuses. Nous distinguons le fini de l'infini, le bon du mauvais et l'univers de Dieu, sur ce seul thème de l'être et du non-être.

Lorsqu'un physiologiste identifie l'homme à la série des mammifères, nous présenterons la *Logique* d'Aristote, et la *neuvième Symphonie*, l'*Evangile* de Jean : et s'il appelle cela le produit du singe évolué, nous le livrerons à la science de l'aliéniste, car il est fou, comme l'homme qui verrait dans le soleil, une lampe démesurée.

La science d'aujourd'hui voit des choses aussi étonnantes que Bottom dans la lune : et l'absurde couronne souvent en pinacle ridicule, de bons travaux et d'utiles recherches.

La loi de la série ne souffre point d'exception : nul individu ne sort de la sienne. Abruti ou subtilisé, l'homme reste un homme, par les facultés, qu'elles s'atrophient ou fleurissent : il contient une graine qui sous la culture religieuse, devient un froment d'éternité.

Ici se placerait une exhortation singulière, si ce travail ne devait garder la tenue, pour ainsi dire, laïque et rationaliste.

La série surnaturelle à l'homme, l'*Angélie* qui a inventé notre forme, se penche avec amour sur l'œuvre de ses mains ; et l'ange gardien de la dévotion figure un adorable mystère.

Quelques êtres suréminents, ont tenté d'obtenir des Esprits célestes inspiration, bénédiction, illumination : et les œuvres sont là pour témoigner qu'il y a communion possible d'eux à nous et combien féconde !

Car la série humaine communique avec les deux autres qui l'avoisinent, en haut comme en bas, et pour le métaphysicien, l'homme est la chrysalide d'un ange et non d'un gorille l'avatar !

ANTINOMIES
DE LA
MORALE

I

L'Humanité

L'adjectif « humain » et l'épithète « d'humanité »
donnés à un acte, expriment exactement la conscience de l'espèce, noble et beau blason que pro-
fanent les plus civilisés.

On peut à Marseille, par exemple, dîner à une
table luxueuse dressée par l'or de la traite au Ga-
bon : et les plus inhumains des hommes, les Anglais remplissent les routes de l'univers.

La culture de l'orgueil collectif, qui produisit
l'infatuation romaine, se continue par la servilité
du clergé, dans chaque peuple. L'Allemand, le
Français s'envisagent l'un l'autre comme inférieur,
par la seule raison de leur race. Absurdité, car il
n'y a plus aujourd'hui que des hommes de valeur
dispersés et non pas une collectivité valable en
soi, nulle part.

L'Oriental méprise l'Occident ; mais, ce mépris ne revêt pas des formes hardies, au lieu que le chrétien devient une brute féroce, dès qu'il rencontre un pigment, autrement coloré que le sien.

Le sentiment de l'humanité est une question de peau. A Rio-de-Janeiro, il y a dix ans, le passant anglais violait dans la rue le petit négrillon et le défonçait ensuite, d'un coup de pied ; ce même anglais a condamné Oscar Wilde au hart-labour : ce même anglais qui chasse à l'appât humain préside aux sociétés de tempérance.

Inhumain et Anglais sont des synonymes ; le récent brigandage de Madagascar où le récit de l'exécution a été publié avant la parodie du jugement, donne la mesure de l'âme chrétienne en expédition. Il y a toujours un verset féroce de l'Ancien Testament à mettre en écriteau au dessus des crimes. Un vieillard a dit que Cham serait le serviteur de ses frères : ceux qui se réclament de Japhet ont torturé et décimé une grande portion de l'humanité. Les espagnols ne se sont pas demandés si la malédiction de Noé les autorisait à supplicier les Incas ; ils avaient une légitimitation plus immédiate et vraiment islamique, la destruction des Païens.

Cette même infatuation de la Patrie qui sert à

paître et repaître les criminels, sous couleur d'héroïsme, ce travestissement qui laisse un sous-officier réaliser Néron, dans un village d'Afrique ou d'Asie, on la retrouve dans la religion. On massacre au nom de son extrait de naissance ; on extermine en vertu de son acte de baptême. Le sentiment terrien et religieux seraient-ils si forts ? Non, ce sont des prétextes à la brute civilisée d'étaler ses instincts et de les assouvir.

Depuis 1870, la France ne se soucie pas de guerroyer avec un autre peuple redoutable et bien armé ; elle cherche dans le vaste monde, de beaux pays paisibles et sans défense ; et, aidée du missionnaire, agent national à la livrée chrétienne abritée derrière la croix, elle assassine des races entières.

Sauf les officiers qui ramassent des croix et des épaulettes, dans les entrailles fumantes, le pauvre soldat n'a que des fièvres incurables à gagner : mais entre l'espoir d'y échapper et la balle certaine du conseil de guerre, il est condamné au rôle stupide de brigand pour le compte d'autrui.

Les misérables députés, gargouilles incessantes de l'ignominie nationale crachent des phrases sur la civilisation et le progrès. Cortez et Pizarre apportaient la croix : Galiéni et autres apportent la civilisation.

La civilisation c'est-à-dire, la métaphysique, l'esthétique et la charité ; la civilisation dont le prêtre même pur, n'est qu'une parcelle ; la civilisation dont le génie, même sublime n'est qu'un fruit ; la civilisation dont la charité, même fervente, n'est qu'une moyenne réalisation ; la civilisation qui est Jésus et son verbe adoré et répandu ; la civilisation, c'est-à-dire l'Evangile de Jean et la ligne de Phidias, la prière du Véda et la tendresse de Saint François ; la civilisation, — représentée par un officier, un professionnel du meurtre, sans légalité : cette impudante assertion révolte la raison, viole la langue et ne mérite qu'un rire éclatant de mépris !

Homo homini lupus ; et les loups les plus forts dévorent les autres ; mais les loups sincères en leurs instincts, n'attribuent à leurs crocs aucune action providentielle ; ils se disent loups : le chrétien se dit berger : il va paître les peuples lointains.

Ces expéditions de Nubie, de Madagascar, du Tonkin ne sont pas des guerres, mais des chasses à l'homme sans danger, si le climat ne défendait un peu l'habitant : la dysenterie est le seul ennemi des raids militaires, en Orient.

La propagation de la Foi, qui en soi, paraît la plus belle des activités chrétiennes et n'a été d'abord que l'élan inconsidéré d'un pur zèle, est devenue la perdition de l'ancien monde et fait maudire le nom de Jésus, par plus d'hommes qu'il n'y en a, pour le bénir.

Un siècle à peine écoulé catholiques et protestants s'assassinaient, ayant le même Dieu, le même livre sacré, la même couleur de peau et le même lieu de naissance : et on s'étonne que des chinois se soient lassés quelquefois de ces hommes noirs venant d'on ne sait d'où, vitupérer la religion de leurs pères et leur en proposer une autre, en désaccord avec leurs mœurs et leurs traditions.

La métropole c'est-à-dire la Patrie a vengé le missionnaire. Oh ! la vengeance des chrétiens sur des jaunes ! Le jaune, le noir ou le rouge n'est pas un homme pour l'occidental, ce n'est pas non plus une bête, qu'il suffit de blesser : l'Occident, en Orient, extermine dix villages pour un missionaire : ou bien il bombarde, quand il est anglais pour imposer sa marchandise ; la guerre de l'opium déshonorerait un pays, si un pays avait de l'honneur.

Un pays n'en a jamais : un ivrogne se contente d'insulter le passant, une bande d'ivrognes l'assomera. Ainsi la nation sans conscience, sans morale, a des tribunaux pour sa paix intérieure mais elle exporte ses passions. Jamais, depuis qu'il y a colonies, un officier n'a été fusillé pour ses crimes sur un noir, un jaune ou un rouge. Or, le vol et le massacre étant leur délassement habituel, le chrétien ne reconnaît la qualité d'hommes qu'aux blancs et dans une seule des parties du monde.

Le soldat, même français, est-il un homme pour l'officier, même français ? Non, puisque le prix est fait de douze balles contre un bouton. L'humanité qui s'arrête à la religion, à la race, à la frontière, s'arrête aussi au recrutement : et comme tout le monde en dépend tout le monde dans le pays où j'écris, passe quarante-cinq ans de sa vie, hors de l'humanité, à la merci de chefs qui ne peuvent pas plus être chrétiens que le bourreau ne peut avoir horreur du sang.

A voir ce que sont les derniers nobles, on juge combien leurs ancêtres furent durs et impitoyables en parfaite inconscience : mais leur hégémonie n'avait pas la rigueur épouvantable de la servitude militaire, telles que la dernière assemblée réactionnaire l'a élaboré. Ce sont des représentants de la monarchie et des hommes élevés par des prêtres qui ont décrété la traite militaire : il convient de ne jamais l'oublier ; qu'ils soient donc réduits au seul prestige de leur effort. Un joug se supporte toujours pour un noble charroi, un digne labour : non pour l'exploitation des faibles et l'infamie des convoitises !

Balzac, le sublime génie a montré, en son jugement dernier du monde moderne, la nécessité où se trouve l'exception de se reconquérir, sur la chiourme sociale.

Il y a deux antinomies en ce domaine : l'une entre l'Occident et l'Orient, antimonie de fait et de passion presque irréductible ; l'autre entre l'individu et le collectif occidental, question individuelle auquel l'écrivain ne doit pas se soustraire, car seul il a la faculté de servir la vérité et de la faire voir à quelques uns.

Les pouvoirs sociaux au lieu d'être les recteurs du peuple, se constituent en hérauts de ses passions : l'impératrice d'Allemagne accepte le bras de l'égorgeur des Arméniens et celui qui parlerait d'humanité, pour empêcher un brigandage colonial, se déshonorerait au sens parlementaire.

La société représente l'ensemble des passions européennes, rien de plus : le Kaiser est le chef des brigands allemands et les brigands français sont sans chef : car j'appelle brigand quiconque opère de l'injustice par la force et à son profit. Or les guerres de nos jours sont des formes de la spéculation, elles enrichissent des fournisseurs, des actionnaires, d'ignobles et calmes bourgeois.

Il y a encore d'honnêtes gens, isolément, dans toutes les castes, il n'y a pas un peuple honnête. Les États ont hérédité du droit divin; le roi, c'est l'État, et l'Occident totalise les convoitises chrétiennes, qui sont celles même des pures sauvages avec des grimaces à clé; le cardinal Richard chante des Te Deum à Notre-Dame quand une bande française a fait un charnier jaune, noir ou rouge, quelque part, en Orient.

La logique nous a montré que nous ne concevons aucune idée que par son contraire : le fait moral obéit à la même loi : et si on représente à quelqu'un, l'injustice de telle invasion, ce quelqu'un répondra aux bords de la Sprée comme à ceux de la Newa. de la Seine ou de la Tamise : « voyez les autres, tous font ainsi. » Oui, tous sans pudeur, sans conscience, sans morale, sans honneur; il n'y a point d'exception : et si un mystique héros surgissait sur un trône et en vérité écrivait justice sur son épée, il serait lacéré comme enragé, par la meute des autres puissances.

Un seul homme au monde peut (et le bien qu'on peut, on le doit), dire à l'Italie par exemple: « la guerre d'Abynissie est une iniquité » : mais il n'a dit ni cela ni rien autre, et par le jeu infernal de la politique, le prêtre se rapproche de l'officier et il y a toujours une main sacrilège pour bénir les bourreaux qui frappent selon la patrie.

Le Congrès de la paix fut une comédie ou deux puissances seulement furent sincères et cyniques l'Allemagne et l'Angleterre. les autres, en pince-sans-rire, exécutèrent la parade avec gravité.

Insaissable en son mouvement, fait d'autres mouvements multiples, sans cohésion entre ses grandes serres que celle qui rapproche l'agneau des loups, l'humanité continue toutes les sauvageries et les brutismes ; la Revue des deux mondes et les plus qualifiés de ses membres font de l'économie politique.

Toutes les nations sont anglaises c'est-à-dire immondes, en un point, toutes parlent de Dieu en égorgeant, de progrès en volant et de morale en sodomisant. Ces drapeaux qui claquent au soleil, aux sonneries de trompettes et qu'on salue, sont les voiles d'horreur, derrière lesquels, la nation opère selon la tradition des homicides, des voleurs : et la nation est la horde éternelle, mais hypocrite, réfléchie, opérant selon un rituel : et c'est ce rituel c'est-à-dire ces règles qui administrent le crime sans le borner, qui forment l'activité humaine où s'engloutissent l'or, le sang, l'âme et la pensée du monde.

[illegible]

II

La Société

J'entends par société, non la zone où on peut être fonctionnaire et décoré, mais les pays que la langue seule sépare et qui communient aux mêmes espèces.

Partout où il y a des Musées et des Bibliothèques, partout où la culture a des représentants, le lien social existe.

D'Amsterdam à l'Ermitage de Pétersbourg ; du British à la galerie royale de Madrid ; et de l'université d'Upsal à celle de Bucarest, de la glyptothèque de Syracuse au Louvre, il y a société.

La race de Grieg, d'Œlenschlager, de Tolstoï, de Bach, se combine avec la latine : mais celle-ci, de par le mérite transcendant des œuvres, demeure l'empérière et la souveraine.

L'identité d'éducation est la première des communions. Or, catholicisme, protestantisme et schismatisme ont le même Dieu. Dans l'occident élevé à la chrétienne la notion morale elle-même coule de l'Evangile : le hollandais et l'espagnol, l'anglais et le russe, l'italien et l'allemand reconnaissent un unique Maître : Jésus-Christ. De nom et de fait, il règne sur l'Europe.

L'hôpital sort de la lèproserie du moyene âge l'assistance publique présente la sinistre caricature de la charité.

L'épithète de chrétien forme une ampliation de celle d'humain. Le plus beau type religieux du théâtre, Polyeucte, est conçu avec plus de force que d'exactitude. Çe martyr ne fait point d'efforts pour faire partager à Pauline la vérité : il l'abandonne pour le ciel : or, l'indissolubilité du mariage, conditionnelle de la dignité des époux, existe dans cette fabulation où Pauline apparaît en héroïne intérieure plus extraordinaire que ne sera tout à l'heure la fureur de Néarque. On persuade toujours une femme qui vous aime : et Polyeucte ne devrait quitter la vie qu'après avoir baptisé son épouse : il la quitte pour Dieu, au mépris de la charité, en une passion aveuglément personnelle du salut.

Polyeucte représente bien l'esprit social, qui immole tout et renverse l'individu pour le Dieu

Progrès ; et Pauline est l'exception, le génie, sacrifiée toujours, toujours généreuse et qui dépasse par son enthousiasme, celui de son cruel époux.

La société a offert aux mérites, des carrières : mais elles demandent plus de concessions que de travail, d'intrigue, que de valeur : l'idéal du chrétien est de devenir fonctionnaire, de porter une plaque sociale, avec un numéro d'ordre.

Être quelque chose : tel l'idéal civilisé. Quand on lit Plutarque, on s'étonne de ces hommes, tour à tour, philosophes, orateurs, guerriers, administrateurs, qui sortent de l'intimité pour accomplir une noble chose et puis se retirent, leur mission remplie.

En Europe, ce ne sont pas les événements qui suscitent les hommes : il y a une troupe pour le gouvernement, de politiques ordinaires, comme on dit comédiens ordinaires ; et la Comédie Française reproduit le type de la République Française. L'histoire est faite comme la tragédie jouée, par des comiques. Les métiers et les arts sont devenus des castes, à ce point que la diplomatie qui demande une philosophie de l'histoire transcendentale, des sciences d'observation que nul n'enseigne et qui se cachent aux vieux livres et enfin une extrême fertilité de moyens dans l'intrigue, appa-

rait une profession, ni plus ni moins que celle d'ingénieur. Le drogman sait la langue du pays, mais
le ministre ? On voit le même consul ignorant le
russe comme le chinois ou l'arabe, passer d'O-
dessa, à Hong-Kong ou à Alep ?

L'ignorance de la langue n'est rien, auprès de
celle de la race, de la religion et mœurs : pour tout
dire et en trait définitif, un général peut être ambassadeur, sans ridiculiser son poste ! Or, l'homme
qui a obéi jusqu'à cinquante ans, sans raison, ne
remplacera pas brusquement la consigne par le
génie : et quel génie celui de la pénétration des
mobiles, la prévision psycopathique ! Au reste,
Chateaubriand et de Maistre ont montré que l'intellectuel seul peut et doit être ambassadeur ; seul
il possède les idées générales, sans lesquelles un
homme reste un numéro matricule.

Les bibliothèques s'ouvraient en refuge aux
hommes trop supérieurs pour les usages sociaux,
l'École des chartes s'en est emparée et les biblio-
thécaires sont des paléographes archivistes, diplô-
més et patentés.

On fait des boxs (une vilaine chose a de droit
son nom anglais) pour toutes les activités ; et l'Etat
se trouve monopoliser l'activité nationale, de telle
sorte, que l'indépendant de l'esprit fait pendant
au vagabond de la route. Un Villiers n'est qu'un

chemineau de la littérature, à côté du garde champêtre a plaque, nommé Theuriet.

Enfin la carrière qui les synthétise toutes, c'est le patriotisme, dans un pays fini où chacun veut vivre par l'Etat. Le plus grand savant manquera de chaire aux écoles de Paris, parce que une place doit être remplie nationalement et non dignement. Si Raphaël survenait, le gouvernement ne pourrait pas lui commander de fresques ; car il serait italien. Si la France manque d'un génie, elle s'en passera : la France aux Français, c'est-à-dire, les places au premier venu dans chaque ville, parmi les patentés, dans tout, parmi les agrégés.

Nul ne peut occuper une fonction publique, s'il n'a accompli son service militaire : je voudrais bien savoir, si ce n'était peiner si grand nombre de gens, à quoi on est encore bon, après ledit service militaire ?

L'Antinomie de l'individu et de la société a, pour expériences, toute l'histoire ; le temple d'Ephèse, et les autres sanctuaires ont à craindre la torche d'un seul Erostrate !

L'individu perd ou sauve le peuple, mais seul il le dirige.

Le citoyen idéal est celui qui s'oublie pour le pays : mais il faut l'aimer pour cela, et on n'aime que par identités et analogie spolarisées.

Ordinairement, le patriotisme est le prétexte que la vanité prend pour se justifier. Quand un homme se vante de sa race, il avoue son propre néant : l'homme supérieur tire son orgueil de lui-même ; l'homme parfait, le prend, de sa chevalerie.

Entre la période de formation et celle de la déchéance, l'homme a une vingtaine d'années où il peut s'efforcer à trouver un sens à la vie : la société l'arrache à sa charrue, à son foyer, à ses études ; et quand elle le relâche il a oublié sa terre, sa familleet la science : ce n'est plus qu'un citoyen c'est-à-dire un homme façonné au moule national.

L'Etat a droit sur les mœurs, non pas sur la culture ; il juge des actes et non des pensées.

La légalité constitue une prime à l'astuce et c'est cependant la forme désormais définitive de la civilisation et la garantie perpétuelle, qui limite tout, de la même loi, le bien et le mal : frein qui empêche la prouesse et le crime, qui sauve souvent, qui immobilise toujours !

On a comparé les conditions sociales, en face de l'individu, à ces nécessités architectoniques que les grands italiens surmontèrent pour écrire leurs fresques, et on s'est trompé : la difficulté n'est pas d'être profond dans un cours de philosophie ou éloquent sur les mêmes thèmes que Massillon. Rien n'empêche un nouveau Spinoza d'écrire une éthique : *Les harmonies de l'être* sont sorties d'un obscur et frileux logis.

Ce que l'homme tire de lui-même est plus aisé que jamais et on peut avoir du génie à son aise ; mais aux matières rectorales, aux directions, les hommes de carrière et ceux à brevets, les asssermentés en chaque branche, tiennent les gouvernails et les mœurs du fonctionnarisme sont telles que qui les subit ne vaut plus rien aux grandes choses.

L'Antinomie, entre ce qu'on doit à l'humanité et à l'Etat, se double de ce qu'on doit à la civilisation.

Ni au point de vue humain, ni au chrétien, on ne doit épouser les intérêts nationaux ; ils sont aveugles et féroces : mais s'opposer à eux n'appartient qu'aux enseignants. Autre que le prêtre doit confier au livre sa protestation. Il ne porte ainsi aucun trouble immédiat et modifie les consciences, au lieu d'embarrasser, sans profit possible les mœurs même. L'écrivain a une fonction d'initiateur à la vérité, de préparateur des événements, mais dans la grande guerre des idées, celui qui formule ne réalise jamais : il faut que la notion s'humanise et forme un courant passionnel.

Le devoir social se réduit, dans les décadences, à la pacificité : ne pas augmenter d'un zèle inutile la confusion croissante et se dérober aux courroies de transmission.

Les lois qui sont la consécration des mœurs naissent de la conscience sociale. Quelques mois après la *Résurrection* de Tolstoï, le Tzar a rendu un ukase palliatif du déportement en Sibérie : le procès Dreyfus a frappé, de juste mort, la justice militaire, on sait maintenant que chaque régiment a son conseil du Saint Office, et que l'officier succède à l'inquisiteur !

Seuls, les ingénus, foncent comme sangliers sur la légalité : et leur inutile assaut resserre les freins sociaux. Sans les anarchistes, le militarisme serait prêt de finir. Mais, il faut le dire, tant qu'il y aura un socialiste capable de saccager une église, le parti de l'armée sera préférable !

Ceux qui ont mis le Louvre en péril ne relèvent que de l'extermination : car le Louvre vaut plus que la France, et la vie d'un chef-d'œuvre que cent mille vies d'hommes.

La Société a un droit de défense, indéniable contre les assauts de l'individu ; elle représente, vraiment la Raison et la justice, quand elle défend les monuments.

La boîte à sardines a ruiné le parti socialiste ; l'assassinat de l'impératrice d'Autriche, celui d'un président de république signifient un tel état d'esprit, chez les ignares, que la Société doit sévir. On ne lui oppose plus des idées, mais des couteaux, ce n'est plus d'antinomie entre l'individu et le collectif qu'il s'agit, mais de la chasse aux grands serpents et aux bêtes féroces.

III

LA FAMILLE

La solidarité de l'individu avec l'espèce, de la personne avec la civilisation, ne présentent que des rapports lointains, comparativement à ceux de la consanguinité.

Du père et de la mère aux enfants, le devoir est le plus impérieux qui soit au monde, et ne supporte aucune transaction.

Le vieil Horace, détestable héros, manifeste un sentiment antiphysique.

Pour trancher en deux traits, la matière, je propose ces deux formules : on ne doit donner la vie que si on est en mesure de la garantir : le droit à engendrer dépend de la puissance d'élever : et la seule règle sera la certitude de mener à bien l'être qu'on engendre. Qui a donné la vie s'engage à la conserver, or les fils de l'européen sont soldats de vingt à quarante-cinq ans ?

Aristote l'a marqué en sa politique « l'homme tient moins à la vie qu'aux biens et renonce plutôt à être libre, qu'à ne point posséder. » Le sacrifice illimité que l'Etat demande au citoyen ne suscitera aucune révolution, si le joug pèse uniforme, sans distinction de caste, ni de personne.

Chaque époque, chaque groupement humain élabore une conscience collective, sorte de mode morale décidant du juste et de l'injuste. Au contact des événements, cette conscience nationale élabore un idéal, c'est-à-dire précise les devoirs et les droits.

On enseigne et mieux on pratique, par la force, la dépendance sans borne de l'individu : il ne s'appartient pas, il dépend de la glèbe, comme l'ancien serf. Quelques financiers élaborent une spéculation dite d'expansion coloniale : et sitôt suivant l'âge, le rural de Champagne, de Bretagne ou de Provence est expédié en Extrême-Orient, pour massacrer des hommes jaunes. S'il s'agissait de la défense du sol, il y aurait quelque raison : mais le citoyen, sous peine de mort, doit aller conquérir au bout du monde des pays pour les brasseurs d'affaires, sous couvert de service national.

A cette stupidité, nul ne s'oppose : tout le monde

étant sous le coup de la loi, nul ne pense à son injustice : et il n'est pas douteux qu'on pourrait établir un recrutement des femmes pour l'amour comme il y en a un des hommes, pour la mort.

L'opinion, la fameuse opinion dont les manuels classiques font grand état, constitue le répertoire de capitulations de conscience du collectif. De moment en moment dans l'histoire, un homme paraît assez puissant pour opposer sa conscience à l'opinion, génie, saint ou réformateur : une fin tragique couronne son effort, régulièrement.

Qui veut comprendre ce conflit grandiose d'un juste contre l'injustice établie, se reportera au procès le plus éclatant de l'histoire. Jésus n'a pas été tué par la canaille comme Hypathia, mais jugé par ses pairs, par le clergé régulier de sa prétendue race ; l'administration romaine a mis ses formalités dans le supplice ; Jésus est mort comme sacrilège, blasphémateur, fauteur de nouveautés détestables et pervertisseur du peuple. La grande famille juive s'est défendue contre ce négateur de la Thorah. Car sous les expressions modéerés et pleines de déférence envers le culte établi, le sanhédrin n'a pu se méprendre, il a condamné la conscience individuelle qui révulsait ; la conscience juive, il a frappé un idéal qui se dressait contradictoire à l'idéal israélite.

La société romaine ne pouvait pas comprendre le mouvement chrétien; les traits d'une réaction sont toujours excessifs : la France sort à peine, après un siècle d'une moule militaire ou un corse la fit entrer et la famille moderne subit la désorganisation régulière du recrutement.

Telle la nature sociale de l'homme qu'il ne connaît la souffrance que par la juxtaposition du plaisir ; et le faux principe égalitaire permet des vexations inconnues à l'ancien monde.

Le sentiment maternel, si sublime à son ordinaire a cédé devant l'opinion : la mère chrétienne trouve simple, que le fruit de ses entrailles aille pourrir au bout du monde : car s'il échappe à la discipline, au climat et aux vices, il recevra de la société, quelques avantages si précieux qu'ils valent plus que la vie, ou bien que la vie ne vaut rien, sans eux !

La famille moderne, unie et chrétienne présente les caractères d'une amitié ou plutôt d'une camaraderie.

Élevés avec des égards singuliers, d'une faiblesse indicible, les enfants n'ont point de respect, même s'ils sont affectueux. Aucune autorité ne siège au foyer; l'ancienne contrainte péserait trop aux parents, pour qu'ils pensent l'exercer. Même, la spontanéité, qualité animale de l'enfant, ne se réprime pas.

Le Père et la Mère sont l'un être l'autre prêtre et prêtresse : leur fonction véritablement auguste constitue un sacerdoce et jadis il y eût une initiation pour chacun d'eux. Aujourd'hui l'éducation n'est plus rationnelle ; elle n'exprime que des rapports de sensibilité : on est faible pour l'enfant parcequ'on se sent faible pour soi-même : la tendresse, la plus profonde peut être lâche, la force n'apparaît pas en nos sentiments.

L'homme qui aime en donne des faiblesses pour preuves ; il ne sait refuser il cède à lui même, croyant céder à l'Aimé.

Inutile serait la tentative d'une éducation forte, au milieu des contacts modernes : rien ne revêt le caractère d'époque autant que l'éducation, et l'enfant élevé de nos jours avec la sévérité d'antan, serait malheureux, par la comparaison ambiante.

La tendance de l'État à monopoliser l'instruction au moins pour l'obtention des fonctions rétribuées n'est pas seulement un attentat à la liberté mais le plus court moyen de démoralisation.

L'instruction laïque représente le crime le plus épouvantable qui ait jamais été commis : il l'a été par les derniers des hommes, ignares plébéiens montés au pouvoir par des degrés qui sont les comptoirs des marchands de vin.

J'abandonne ici et l'idée d'une religion d'État et

ma filiation à jamais prosternée au très saint et très inneffable catholicisme, je ne parle qu'en homme expérient et je dis que l'instruction peut être tout, sauf laïque : toute religion est préférable à point de religion : il faut qu'on parle de Dieu et toujours, et tout de suite à l'enfant !

Un état gouverné par d'honnêtes esprits édicterait que l'instruction sera religieuse, sans se prononcer sur la religion.

Car, la religiosité est un élément de culture animique, tellement précieux, que jamais encore aucun homme n'a marqué, qui n'ait été d'abord instruit religieusement. Pour l'irréligieux le passé, c'est-à-dire les origines sont à jamais fermées : les musées comme les monuments et les bibliothèques sont lettres mortes. Même ingénieur et professeur, l'irréligieux n'est qu'un barbare. Une civilisation n'est qu'une religion.

Paris et la province pullullent de belles casernes brique et pierre, qu'on ne peut remplir et destinées à abrutir les jeunes citoyens : ce sont les burgs de la laïcité : il en sort des numéros matricues, sans éducation, sans idéalité : et l'idéalité est la marque de l'âme.

Hors de la paternité et de filialité, la famille n'a pas la valeur qu'on lui donne : de même que l'Occident de 1900 s'émule encor d'après la concep tion pastorale des hébreux et qu'on affirme sur la foi d'Iehovah que les nombreuses familles sont bénies, on veut aussi renforcer les liens secondaires de la parenté, d'une exagérée façon.

Il y a une famille à qui l'on doit son cœur et ses bonnes œuvres, celle de l'esprit : un même amour constitue une parenté ; un semblable enthousiasme consanguinité.

Quel intellectuel ne se sent filial pour Léonard ou Dante, fraternel pour un Botticelli, un Ronsard ? De toutes les affinités électives, celles de l'esprit sont les plus nobles.

Les Goncourt ont exemplairement exprimé cette solidarité et leur acte vaut comme une œuvre d'esprit de caste.

En vain, on a décidé l'égalité parmi les chrétiens il y aura une différence prodigieuse entre Lacordaire et ses collègues dominicains : entre Gustave Moreau et M. Roybet, l'abîme demeurera infranchissable.

L'amitié, comme l'admiration constituent de véritables familles ; et, les plus hautes.

Une règle d'expérience prouve que le génie ne doit pas engendrer.

Le fils Wagner projette une ombre néfaste et caricaturale sur la grande œuvre du siècle ; un Balzac fils nous a été épargné, et M. Georges Hugo doit trouver pesant à porter un nom si formidable.

Quand un nom devient un mot, il ne devrait plus désigner un être du commun.

Les nobles ont un avantage singulier d'être connus par les annales; mais, revers de la médaille historique ils se traînent écrasés par l'évocation de de ce prestige comme ils se traîneraient sous l'armure ancestrale.

L'hérédité de la noblesse ne signifie plus rien qu'aux yeux du lettré. Les chasses ne foulent plus les moissons et il n'y a qu'un richard qui puisse fusiller les braconniers sur ces terres.

L'hégémonie de l'or, plus ignomineuse que celle de race n'a pas la même durée et pourrait être balancée par l'intellectualité, si ceux qui pensent et qui œuvrent étaient capables de discipline et d'entente.

La famille opère, actuellement, sur un état de conscience très différent d'autrefois : il y a plus de douceur et dévouement, mais nulle règle.

Le devoir y a des allures de sentimentalité ; la part d'autorité respective du père et de la mère flotte au hasard des tempéraments.

Le sacerdoce du foyer est aboli.

On engendre au hasard du lit ; on élève au bon plaisir de la vie. Ces arts qui furent aussi des sciences : l'art de procréer, d'aimer, d'élever et de mourir sont perdus ; et, retrouvés ne seraient qu'une curiosité pour des esprits qui ne représentait plus que du dilettantisme, en face de la vérité.

IV

LE DEVOIR

Le droit et le devoir se limitent l'un par l'autre :
la volonté s'éploye au premier et se contraint au
second. En logique ils doivent être proportionnels.
Le devoir, socialement, est surtout négatif : dès
qu'un citoyen n'agit pas contre la loi, il l'accomplit. Entre l'incendiaire et le sauveteur, il y a
mille graduations. L imbécillité moderne éclate
dans l'uniformité des devoirs, en seignement contraire au principe majeur de la civilisation, qui
se base sur la division des fonctions.

Tout le monde soldat ; cela s'appelle le devoir
du sang, la dette à la patrie ; et à la moindre in-
fraction, la mort. Les Assyriens, les Egyptiens
condamnaient les vaincus à des travaux forcés ;
mais un peuple se condamnant lui-même à la
chiourme la plus implacable qui ait existé, n'est-

ce pas à désespérer de l'être humain, puisqu'il ne garde pas la sensibilité de l'échine qu'il ne répugne pas à la Traite, et se fait nègre, par ses mandataires, après avoir libéré les noirs.

Le devoir a sa hiérarchie : il la tire de deux considérations : l'une, de la catégorie ; l'autre, de la personne.

La fidélité conjugale est une vertu chez tous ; mais son importance chez le particulier ne se retrouve pas chez l'homme public. Henri IV, fut un incontinent et un grand roi. Henri V un mari modèle et un si piètre sire qui ne voulut pas même laisser à son pays, ses os !

Il importe moins qu'un juge soit excellent père qu'équitable juge ; et le premier devoir est toujours celui de la fonction.

Que le génie soit chaste avec Fra Angélico, Fra Bartolomeo, Léonard et Michel Ange, cela fleuronne encore la couronne ; mais la Fornarina est secondaire dans la vie de Raphaël, car elle n'a pas influé sur sa merveilleuse spiritualité.

Quand l'homme se rencontre extraordinaire et météorique, par son destin ou ses facultés, il ne relève plus de la morale, mais de l'esthétique ou de l'éthique. La relativité de conscience dépend de son propre idéal et non de l'opinion ambiante.

Kant a concrétisé la morale d'une façon presque

militaire. Le Criton de Platon enseigne la recherche du bien dans les actes, du beau dans les mœurs et laisse à la sensibilité la liberté de son inspiration.

L'allemand a trouvé l'impératif ou hypothétique ou catégorique. Du premier, il n'y a pas grand chose à dire, puisqu'il dépend du tempérament et de la culture : quand au second, il pose une bonne règle, en donnant l'universalité comme critère : mais l'humanité n'a pas sa fin en elle-même, l'autonomie de la volonté se retourne contre l'impératif catégorique lui-même. En parcourant l'échelle des devoirs larges et des étroits empruntés à la jurisprudence, on détruirait aisément le fameux impératif. La volonté opère sans principe formel ou objectif, elle met en action la conscience.

J'estime que le devoir est d'engendrer le moins possible afin de mieux élever et que l'acte le plus raisonnable pour un moderne est d'échapper à loi militaire. En cela j'applique le principe de Kant : « car je ne souhaite à autrui que ce que je cherche pour moi-même » considérant que la fin de l'humanité est de restreindre ses exemplaires et de se dérober à la guerre. Au lieu de ces exemples vivants et actuels, l'allemand parlera du vol et autres lieux communs d'éducation, et il se garde de tirer les conséquences de sa théorie. Son goût de vieil étudiant pour la discipline l'emporte sur la philosophie : non seulement il estime qu'un tel acte peut ne pas être bon, mais encore, il fait du devoir le père du bien, comme si la notion ne précédait pas toujours l'action.

L'impératif recèle le vieux sens commun, sous une épithète imprévue et obscure.

Le devoir est la réalisation continue de l'idéal l'acte correspondant à la pensée, la manifestation pratique de la conscience.

Il dépend de la conception, mais concevoir n'est souvent que sentir. Nous avons vu que la conscience s'intitule réaction de l'individu sur la sensibilité ; et l'expérience nous montre que les actions d'éclat sont passionnelles. L'opération critique du jugement a peu de part dans la vie active.

Le devoir toujours promulgué par l'éducation, même quand elle n'est pas dogmatique, emprunte à la religion le thème de son enseignement. Depuis Jésus, il n'y a point d'autre morale que celle de l'Évangile ; on ne l'observe pas, mais on la professe.

On divise le bien en trois parties : l'une dédiée au Créateur, l'autre au prochain, la dernière à soi-même. D'où trois droits : l'un d'au-delà ; l'autre devers autrui ; le troisième d'autonomie.

Rends aux dieux immortels le culte consacré.
Voici le devoir.

Garde ensuite ta foi !
Voilà le droit.

Le symbole des Apôtres ne contient rien qui blesse le plus subtil métaphysicien : mais l'Église n'a pas à demander compte de mon interpétration personnelle des textes. Je ne dois qu'une obéissance pratique et non de m'anéantir devant une férule. Roger Bacon, fut emprisonné une fois dix, une autre fois quinze ans, dans un couvent de Paris, privé de livres et de parchemins ; et Clément IV, qui fut fidèle d'amour avant la tiare, put à grand, peine arracher ce génie aux tortures que les Fransciscains lui infligèrent.

La société, sanction plus étendue que la famille, a un droit de répression pour les délits, non d'immixtion dans les méthodes.

Si la pensée du chrétien n'appartient à l'Église qu'au terrain dogmatique, le pouvoir de l'Etat sur la famille se limite aussi. Il faut ici aborder le problème de la liberté ou droit individuel, et de la nécessité ou obéissance.

Nos notions s'entachent toujours d'un réalisme passionnel et nous entendons par la liberté, la méchanceté, l'intempérance et même l'absurdité : nous réclamons la liberté pour nos passions, mais elles suscitent des réactions qui nous gênent ; on la définirait ironiquement, la satisfaction spontanée de nos désirs.

Or, la spontanéité ou expansion de la sensibilité animale ne mène l'homme qu'à des erreurs. Il n'est personne qui ne doive éteindre l'instinct sériel : il faut le silence de toutes passions, pour définir la liberté : la partie facultative du devoir, et le devoir la part obligatoire de la liberté.

Organiquement, l'excès se paye par la maladie : animiquement, la passion engendre des troubles, et on perd la paix du cœur, comme la santé du corps. Les poètes étant les seuls qui aient peint la passion lui ont attribué l'excès, comme prestige et aussi comme moralité.

Qui oserait souhaiter les flèches d'Hercule en échange des souffrances de Philoctète à Lemnos et la fortune d'Œdipe, aux conditions de son destin ?

Dans l'Orestie, nous avons un couple adultère un père et un fils parricide : quel homme souhaiterait d'être Egisthe, quelle femme, Klytemnestra ? Tous ont agi librement contre un devoir : l'un a immolé sa fille, l'autre son époux, le troisième sa mère, et du sacrifice barbare d'Agamemnon naît un double forfait, si on veut voir une excuse pour la femme, dans la perte de sa fille.

La loi du sang violé par le père, le sera par la mère et par le fils. La morale vient tout entière dans la catastrophe et l'art ne l'a jamais oublié. L'Église est forcée à rejeter dans l'autre vie la récompense des bons et la punition du méchant, elle les annonce, les affirme ; l'art fait mieux, il les montre.

Le théâtre donnerait les plus pures leçons de devoir, s'il était exclusivement tragique : il est devenu comique, au point que Paris ne possède pas les acteurs convenables d'une tragédie de Racine. La comédie, que ce soit *Amphytrion* ou *Le Misanthrope*, ne fait jamais triompher la vertu, mais la seule malice ; c'est une école dépravante pour utiliser les mauvaises mœurs.

Le devoir primordial est celui de la fonction : c'est-à-dire que la vertu publique l'emporte sur la privée et le chef-d'œuvre surpasse la prière. Cela est prouvé par la difficulté, la rareté et l'énormité de la conséquence.

Une vertu publique, outre la bénéficité de son exemple, épand le bien sur un grand nombre ; et quant à l'œuvre, c'est le miracle durable. L'architecte d'une belle cathédrale est forcément supérieur au Bienheureux Labre. Et ce jugement ne serait-il que de la reconnaissance, qu'il se légitimerait. On dit que l'archevêque de Paris est un prêtre régulier et strict en son devoir ; mais les tours de Notre-Dame parlent plus haut et depuis plus, longtemps, pour la gloire de Marie. Sous peine de déconcerter la raison, il faut croire aux œuvres : nous reconnaissons Dieu aux siennes, reconnaissons-nous aux nôtres et élevons notre autel au Créateur et nos chapelles aux créateurs.

Ignorez-vous que ce que valent dans la pesée de la Providence, la silencieuse vertu et la muette prière du Chartreux et de la Carmélite ; et que, la prière des saints purifie cette même atmosphère morale empestée par le verbe des pervers, et enfin que la sainteté inconnue d'un solitaire compense, un moment, l'éclatante iniquité ? Oui la miséricorde paye, sans cesse à la justice, les publiques horreurs, par de grands ascétismes cachés.

Je ne l'ignore pas ; mais il y a un énorme danger à laisser la vertu s'immobiliser dans la conception étroite de l'obédience monastique : les âmes qui s'accomplissent pour Dieu seul n'ont que faire de mon suffrage ; et je ne saurai jamais bien ce que je leur dois, tandis que ma dette est indéniable envers les créateurs, envers les chefd'œuvreurs, ce sont mes pères, mes maîtres, ils me conservent la foi, m'empêchent de tomber, ils sont mes heures et ma dévotion : et je n'ai jamais entendu une parole qui me toucha comme une ogive bien dessinée

Le devoir d'un écrivain est d'écrire un volume par an, a dit Jean-Paul ; le devoir d'un chrétien plus complexe ne se formule pas aisément.

D'abord, le chef des chrétiens a-t-il montré une vraie conscience de son devoir, le premier de l'univers ? Il a plu à des polissons élus par le nombre (le nombre c'est la canaille) d'étendre aux prêtres, l'esclavage militaire ; de telle façon que l'homme qui consacre l'adorable hostie s'engage à tuer n'importe quand, n'importe qui, n'importe où ! L'homicide volontaire, mercenaire, professionnel, a été accepté, par Léon XIII, pour ses prêtres, sans que le sourire « urbi et orbi » ait cessé. Cependant le prêtre-assassin, le prêtre-soldat c'est la fin du catholicisme. Le Tout Puissant autocrate de l'Église en juge autrement ; cependant les cohènes qui ont condamné Jésus n'auraient pas accepté de remplacer les soldats romains au Calvaire.

Si le devoir du Pape est si obscur, qu'il continue à être honoré, après les concessions les plus folles qui aient été faites, les plus blasphématrices de l'Evangile, que dira-t-on du devoir Cardinalice ? Rien, sinon que cela ne regarde pas les fidèles : la céleste colombe descend sur les chapeaux rouges qui ne couvrent que des génies et des saints, mais si humbles qu'ils cachent à tous les yeux, et leurs capacités et leurs vertus.

L'archevêque et l'évêque confirment, célèbrent et ordonnent, ils font un office de grand curé : mais ils représentent dans leur diocèse moins de culture que le bibliothécaire et veillent surtout à écraser le zèle et l'étude, chez leurs subordonnés.

L'Eglise vit de routine, sans direction, sans politique, elle fonctionne en ses vieux rouages, où la rouille est respectée à l'égal d'un Saint Chrême.

Une paresse incurable, une inertie séculaire coule du Vatican sur l'Europe.

Le devoir patriotique suit une coutume positive, celle de sacrifier tout à soi-même et à sa bande ; et de réaliser, au jour, le jour une moyenne d'équilibre, en hypothéquant l'avenir.

Une lâcheté bénie règne sur l'Occident, depuis 1871 : les nations chrétiennes hurlent les unes aux autres, mais ne se décident point au combat, elle s'épuisent à se terroriser en batailles d'arsenaux, en assauts de recrutements, en menaces d'outils et de hordes.

Le devoir civil se confond si étroitement avec le fonctionnarisme, qu'un patriote s'appelle un employé présent, passé ou futur.

La famille aussi paraît garder une vitalité digne de respect, et contenir une morale suffisante.

On doit distinguer les intérêts des passions, sinon les mœurs contemporaines seraient imcompréhensibles.

Force qui poursuit un objet déterminé, la passion à une trajectoire directe et violente qui crée le drame à chaque pas ; l'intérêt n'opère que par des biais, des circuits, et un patient exercice de l'activité sous voie prévue, sans moyen précis. Or, dans les fins de race, l'intérêt, remplaçant la passion, on voit une observation générale des bonnes mœurs apparentes, parcequ'elles sont les conditions même de la réussite.

Dans une société étroitement gouvernée, la violence tout de suite arrêtée n'amènerait à aucun résultat ; non plus, le cynisme.

L'intérêt, avatar de la passion, opère donc en obédience à l'opinion : et dès lors, il est difficile à de courts esprits, en traversant les Champs Elysées un dimanche, de ne pas croire que tout est pour le bien, sinon pour le mieux.

Cette connexité entre les convoitises et l'extériorité du devoir constitue l'optimisme sincère de beaucoup et représente en réalité, le dernier mode de la vitalité latine.

Tant qu'aucune secousse ne brisera ce cours de fourmi, on pourra croire que la vie idéale n'est pas nécessaire à l'existence des sociétés.

VI

LES PASSIONS

L'Amour ne saurait se désigner que par son objet, car il est toute l'âme ; comme l'attraction est tout le corps, et l'enthousiasme tout l'esprit.

Nous aimons le pire objet et Dieu pour ainsi dire, avec le même cœur ; les semblables expressions se pressent aux lèvres des mystiques et des passionnés et rien ne diffère entre les passions que leur objet et la conformité de leur mouvement à l'objet.

Le sacrifice d'Abraham, imagination d'un fanatique en délire, prodigieuse calomnie de l'âme juive contre Dieu, hallucination du peuple déchu de Dieu, suprême antiphysisme et blasphème sans analogue, horreur auprès de quoi le meurtre d'Habel cesse d'étonner, défi à la nature, à la raison et à l'idéal, le sacrifice d'Abraham n'est que le plus célèbre des crimes et le meilleur prétexte des auto-da-fés.

Abraham était cet époux qui faisait passer sa femme pour sa sœur afin de ne pas effaroucher la morale d'un roi et de tirer parti, et le plus pratique, de sa beauté : c'est cet homme sans honneur qui donne le grand exemple de foi en attribuant à Dieu un ordre révoltant et qui n'a pu germer que dans la perversité désœuvrée d'un Calife. Attribuer à Dieu des inspirations barbares et stupides, et surtout se figurer que Dieu s'entretenait en personne avec des pasteurs nomades, dans tels pays, vers l'an 2000 et que depuis, il a cessé cette condescendance : voilà des insanités, qu'il faut abandonner, pour que vive et fleurisse le Verbe de Jésus.

Lorsque le général Franciscain Jean de Fidanza l'auteur de l'*Itinerarium*, emprisonne Roger Bacon et que Jérôme d'Ascoli le successeur de S. Bonaventure s'acharne sur ce même génie, ils défendent la foi, a la façon espagnole. A la première année du dix-septième siècle, le Saint Office a brûlé Giordano Bruno, l'homme à qui Descartes, Spinoza et Leibnitz doivent tant, et tout récemment le Vatican a fait entendre je ne sais quelle parole imprudente, parce qu'on honorait ce martyr de la pensée assassiné par de mauvais monsignori. L'amour de Dieu compris à l'Abraham et selon le Saint Office est la plus effroyable de toutes les passions, la plus funeste à l'humanité. Un clergé se forme d'Anytos et de Mélitos ignares et paresseux qui trouvent plus simple de tuer que de répondre et d'exterminer que de convaincre. La foi égale la brutalité, en sa corruption ; et la passion du divin les pires. Même ayant Dieu pour objet l'amour devient une source de crimes, si l'orgueil et l'impériorité s'y mêlent. Chaque fois que l'homme abdique sa conscience et la remplace par une consigne religieuse ou militaire, il dépasse l'horreur du mobile individuel, et rentre dans la première division des passions, selon l'antiquité l'irascible, synthèse de l'orgueil de l'envie et la colère.

La gourmandise, l'avarice, la luxure et de la paresse forment le concupiscible.

Descartes qui ne comprend que le dualisme dans l'âme, ne lui reconnait que l'intelligence et la matière « la même partie qui est sensitive est raisonnable et tous les appétifs sont des volontés, car il n'y a en nous qu'une seule âme, et dans l'âme aucune partie. »

Malebranche en ajoutant au mécanique de Descartes les causes occasionelles et l'action de Dieu, n'a rien éclairci.

Les passions sont des modes affirmatifs ou confirmatifs de la vie et de la personnalité. On se cherche en Dieu, en autrui ; on se prouve sa personnalité par l'assentissement des hommes, l'accumulation des biens.

A faire une division, on pourrait séparer les passions d'espèce animale :

La gourmandise, la paresse et la luxure.

Et celles de la personnalité :

L'orgueil, l'envie, la colère.

Ces particularisations ne satisfont que les régents : la colère s'accommode avec toutes les passions, ainsi que l'orgueil.

On peut envier la femme comme la fortune d'autrui et l'orgueil constitue la plus forte part de la luxure.

L'attraction passionnelle de Fourier a une base plus claire : l'homme est attiré suivant son penchant vers un ordre d'impressions spécial. L'un ne jouit que de l'opinion et non des biens ; l'autre souffre non de son malheur, mais de l'heur d'autrui. Que ce soit dans les bras d'une femme ou dans la mêlée des combats, aux tiroirs pleins d'or d'un coffre ou dans la paresse l'homme ne cherche que la confirmation de sa personnalité, et le mode vital le plus affirmatif, c'est-à-dire le plus propre à son expansion idyosyncrasique.

Le Docteur Meriadec Conan a dit une formule

remarquable : « la maladie est une fonction. » La passion est une fonction de l'âme, et Pascal l'a bien exprimé, disant que commencer par l'amour et finir par l'ambition c'est le meilleur mode d'éprouver toute la sonorité de la vie.

A la passion on a opposé la raison et ainsi créé une antinomie irréductible.

Est-il raisonnable de gémir et de désespérer pour une femme, quand tant d'autres semblables la pourraient remplacer ; ou bien quand on est Delacroix de souhaiter l'Institut, ou de verser tout son sang pour une tache rouge à son habit ou de passer une vie d'effort et de privation afin de mourir aisé ?

Rationnellement, ne concevoir l'amour que dans un être, pâtir d'une sanction illusoire et qui tarde, et risquer sa vie pour un bout de ruban, sont des folies sans nom et incompréhensibles.

La passion s'explique par l'idéalité individuelle : un amant éprouve l'impression complémentaire par l'aimée et est l'aimée n'est plus une femme parmi les femmes, elle est l'incarnation de son désir. Delacroix, discuté, vilipendé s'était donné pour signe de victoire, le fauteuil Mazarin et dès lors ce fauteuil devenait le symbole de sa volonté. Pour le grenadier qui suivit Napoléon du Caire à Moscou, et qui l'eut suivi aux enfers, la croix d'honneur représen-

tait et la possession de la femme aimée et la consécration académique : c'était l'idéal même du soldat, son « quo non ascendam »

Les passions sont des maladies en ce qu'elles dénaturent la concience et la teintent d'une façon exclusive, forçant l'idéalisation de l'homme à s'y appliquer.

La faculté mentale dans la passion, ressembler à
Kassandra prisonnière d'Agamemnon ; malgré sa
dignité, elle doit servir à la brutalité de l'âme obs-
curée.

Il ne peut pas y avoir de passions raisonnables,
il n'y a que des passions idéales : et ce sont celles
qui portent l'homme vers le monde supérieur.

On a dit « sainte colère, juste orgueil légitime
envie ; aucune de ces épithètes ne s'appliquera ni
à la gourmandise, ni à la paresse, ni à l'avarice.

Idéaliser est le vrai nom de moraliser et idéaliser c'est détacher l'homme du réel, lui faire pré-
férer le rêve à la contingence, développer sa vie
intérieure, afin qu'il n'extériorise pas son âme, en
crime et en désordre.

Les divisions passionnelles, comme les argu-
ments syllogistiques, exercent l'attention, facili-
tent la classification des remarques, sans éluci-
cider les questions.

L'orientation d'une âme décide de ses passions.

Là où le chrétien prononce « péché » l'irréligieux dit « bagatelle ». L'un sait que la concupiscence est un courant de perdition, l'autre ne lui découvre aucune conséquence : par suite, le premier seul est conscient.

Cette partie de la médecine, la moins cultivée, la prophylaxie devrait être la science sociale entre toutes. Fourier se trompa en pensant satisfaire les passions mais on peut les canaliser et la société ne le fait-elle pas ? Elle a ouvert l'armée aux homicides, la Bourse aux voleurs, les emplois civiques aux paresseux, le journalisme aux envieux et les maisons publiques à tout le monde.

Mais la société se contente de tempérance et l'intérêt de l'homme est de dépasser cette stase négative, et d'évoluer sur un plan d'essor et d'accomplissement.

Conjugalement, la luxure trouve un cours harmonieux; l'orgueil qui se manifeste par l'œuvre, se légitime ; l'envie peut s'homologuer avec l'émulation ; la colère opérer avec impériosité dans le sens du bien.

Les mauvaises passions se résument en paresse : le voleur, l'homicide sont paresseux : et les paresseux sont gourmands et luxurieux.

Socialement, les mœurs dépendent de l'exemple; le grand nombre fut toujours troupeau ; il suit l'impulsion : voilà pourquoi les résponsabilités des gouvernants sont extrêmes quand ils agissent en policiers au lieu de prévoir, en moralistes.

Sans la religion, qui parlerait du bien, des vertus ; Paris, la grande ville n'a pas un lieu, une cérémonie destinée à élever ou relever l'âme. Même laïque, une société aurait intérêt à cultiver l'animisme, et le théâtre abandonné aux tenanciers de la prostitution serait l'église sociale, dans un pays aux chefs conscients.

L'individu seul, aujourd'hui, cultive sa personnalité ; mais comme il ne reçoit rien du collectif, il ne lui rend que du dédain. En ce temps, la supériorité sépare celui qui l'a conquise de la foule; et la foule manifeste comme passion dominante l'irrespect ; la dernière passion du parisien a un nom spécial : la blague. On la trouve avec un masque héroïque aux pieds de l'échafaud sur la lèvre de l'assassin; on l'entend vraiment spirituelle entre deux verres de bière dans les cafés ; on la consomme matin et soir sous forme de journal et ainsi un peuple qui ne se prend plus lui-même au sérieux s'achemine vers la servitude.

Quand Rabelais disait que le rire est le propre de l'homme, il parlait à une époque vivante et intense aux passions sombres et tragiques.

A cette heure, en ce pays, la plus belle race depuis la grecque étale son agonie sardonique à Montmartre, incarnation d'une galanterie qui n'est plus que brutale et d'une perversité devenue bourgeoise.

V

LE MAL

Le premier acte attribué à l'homme fut de cueillir, malgré la plus redoutable défense, le fruit d'un arbre qui s'appelait l'arbre du bien et du mal.

En dégageant le mystère de son symbole, cet arbre s'entend au sens figuratif comme dans Raymond, Lulle il s'interprète en arbre de Jessé abstrait, en table des rapports de l'humain au divin.

Ce n'est ni l'arbre du bien, ni celui du mal ; mais l'arbre de l'un et de l'autre. Le fruit qui y pend, représente la conscience : elle se révèle par un dualisme d'impression : mais tout arbre projette une ombre et l'ombre du bien, c'est le mal. Osiris et Typhon, Ormuz et Arhiman, incarnent et meuvent ce même problème des relativités.

Sans répéter les définitions connues des S.S. Augustin, Thomas, Denys et du grand Lacuria, le mal est l'accident conséquentiel de deux lois : tout monte ou descend, dans le domaine du fini, tout se subtilise ou se concrétise, tout suit une ascension ou une chute, jusqu'à un point de fixation qui est la consonnance harmonique : tout évolue ou involue ; car la vie a ce double courant et l'homme comme un métal animé entre deux aimantations subit la double attirance.

Le mal n'existe pas en Dieu ; dans l'homme il n'est qu'une conséquense de la série. Sujets à des besoins organiques impérieux, à des passions violentes, à de fausses idéalités, nous avons à vaincre ou notre conscience ou notre sensation, et cette lutte, entre plusieurs forces, engendre des accidents qui sont le mal.

Celui qui a faim et qui vole, fait un acte coupable, par le défaut de sa nature qui a besoin de nutrition : la cause du délit vient de la nécessité téorganique.

Celui qui tue dans la colère, invoquera son tempérament bilieux ou sanguin qui ne le justifie pas, mais qui explique son acte : le propre de l'homme est de s'efforcer à la justification de ses actes, quels qu'ils soient !

Notre esprit associe aisément le bien avec la beauté et l'harmonie ; cette association définit la morale !

Un beau sentiment est toujours harmonique mais l'harmonie s'écrit sur trois portées hiérarchiques qui se commandent l'une l'autre.

Se nourrir hygiéniqument est louable, faire de la nourriture une volupté constitue déjà un vice ; laisser la gourmandise devenir le thème de notre application, et la dominante de notre pensée, commence une descente vers l'animalité. Le premier précepte de la morale donne à chaque élément de la vie son importance légitime.

Nous avons trois vies à entretenir qui veulent des soins différents ; et celui qui observe la proportion de cette triplicité apparaît déjà un juste. Entretenir la vie spirituelle, par l'application au mystère : voilà l'office de conservation et d'accomplissement de l'esprit, qu'on l'opère, par l'étude, la prière ou la contemplation. L'homme supérieur se propose chaque matin de lire ou de voir une merveille, ou de relire et de revoir, ce qui est plus aisé et aussi profitable et s'assure au soir qu'il a eu son moment d'abstraction, de pensée pure ou d'enthousiasme. Heureux qui développe en lui la vie intellectuelle, la seule qui ne déçoive jamais, la seule ou le progrès soit constant, le succès à jamais acquis.

Car, la vie animique qui offre quelques ivresses les met à un tel prix de compensation, qu'on ne

sait jamais bien si un sentiment vaut ses conséquences. L'entretien de la sensibilité nous force à
participer à la douleur d'autrui, quand nous en
avons fini avec la nôtre et celui qui sort d'essuyer
les crises nerveuses de la femme aimée se heurte
en la quittant, au mendiant, au déshérité. Notre
cœur ne vit que de tristesse, de compassion ou
d'envie et il n'y a point de bonheur moral. Mais la
solitude de l'âme est si effrayante que nous pré-
férons tout à notre seule société et que l'être qui
nous force à nous oublier, nous sauve du désespoir.

L'âme en proie a de continuels vertiges, har-
celée par les passions, comme la malheureuse Io
par les taons, n'a qu'un phare son idéalité et si
elle est fausse, l'âme se perd corps et bien aux ré-
cifs inévitables de la Norme. La Fatalité grecque
expliquée est légitimée c'est le total du tempérament individuel et de ses heurts avec la causalité
seconde.

Malebranche a donné la meilleure étude classique sur la prédestination; et grâce à la réputation
que Arnaud d'Andilly a faite du « traité de la nature et de la grâce » souligne le vrai mérite de cette
œuvre

L'homme de Port-Royal veut établir que Dieu
n'agit ni par une volonté générale ni par voie sim-

ple : opinion sacerdotale de politique morale et qui ne peut dépasser la sacristie et supporter la discussion.

Oui, il y à en Dieu unité de vouloir, et cette unité s'appelle le verbe : la prescience ne permet pas cet antropomorphisme qui ferait rendre, suivant l'événement, des ukases à la divinité, ratures du verbe sur lui-même.

Cette conception a sa source dans l'imprévu des événements ? Un miracle suivant la définition de l'archevêque de Paris est une dérogation aux lois de la nature. Vraiment nous les connaissons peu ces lois, pour juger de l'événement qui y déroge : et n'est-ce pas que généralement on appelle lois de nature les habitudes de nos sens ? Supposez en Bretagne le soleil de minuit de la Norvège et vous aurez une impression de fin du monde.

La paresse de l'esprit humain est indicible, il déteste les surprises et ne veut pas être étonné il classe en catégories ce qui l'affecte pour n'y plus penser et l'exemple de cette expéditivité d'explication s'étale dans la doctrine dite diabolique.

Quelle commodité de rejeter dans un au delà d'ombre, les embarras de la psychologie et le surcroît d'horreur des crimes !

Certes les phénomènes de la sorcellerie défient la négation ; l'histoire les rapporte avec les garanties complètes de l'authenticité. Ni les possédées de Loudun et Louviers, ni les trembleurs des Cévennes, ni les vampires de Moravie, ni les fantômes, ni les sorts, ni les envoûtements et maléfices, ou vénéfices ne sont niables.

Mais le déterminisme de ces phénomènes n'a besoin en aucun cas ni du diable, ni des diables: et scientifiquement les cas rapportés par Gorres sont classables et explicables.

Dans l'instant, il n'y a souvent que du mal et triomphant, Abel tombe sous la massue de Caïn. Pour s'élever du fait à l'idée morale, il faut suivre le meurtrier au long de sa vie jusqu'à sa mort.

Si Napoléon a expié, Charles Quint plein de crimes, est mort tranquille avec tous les cer-tificats d'éternité que l'Eglise attribue à l'épée fanatique. Talleyrand qui incarna le mensonge a fait une fin chrétienne.

Les esprits ou occultistes ou religieux voient la justice dans le devenir. Il faut envisager autrement le mystère du bien et du mal, et révéler un secret de la charité.

Les mérites d'Abel sont applicables à Caïn, le bourreau reçoit un bénéfice de la vertu du martyr: il faut déduire du mal, le bien dont il est l'occasion.

Ici se dresse une antinomie inquiétante : la victime sauve l'assassin. Que devient la justice ?

Mais une autre antinomie succède ; on peut limiter la justice, et non la charité.

Quel conflit grandiose ! Nous concevons la justice, d'une exacte façon ; la miséricorde est infinie sans code, sans règle, proportionnée seulement à la sensibilité.

On a trop présenté l'Individu isolé de l'humanité, et pesé séparément dans la divine balance l'homme et l'espèce.

Il faut déduire du mal, le bien dont il est l'occasion. Comme tout s'opère par action et réaction et que l'histoire nous montre une proportion entre les crimes et les vertus d'un même temps ; les mérites du saint qui se jette dame la pénitence au spectacle des prévarications, expie pour les prévaricateurs.

Si une vraie dévote entendant un blaspème fait une oraison, le mérite de cette oraison s'applique en réduction de dam au blasphémateur.

Car, le bien qui est Dieu doit triompher et triomphe en effet, par la suite et l'enchaînement des choses qui échappent forcément à notre débile attention.

Napoléon, le plus grand scélérat de ce siècle, sans excepter personne, à provoqué des abnégations des héroïsmes qui seront des atténuances à son épouvantable damnation.

La souffrance paye la dîme d'évolution imposée à l'être humain ; en fait, elle vaut comme de l'argent et consentie, comme de l'or. Le commun voit une table de Lucullus et il envie : si celui qui doit s'asseoir à ce festin est dyspeptique, mieux vaudrait pour lui, un morceau de pain et un bon estomac.

Sans cesse pris, comme des sauvages aux apparences extérieures nous envions Néron, cet imbécile qui incapable de rêver un grand spectacle a besoin d'incendier Rome, pour se donner une impression grandiose.

Le maréchal de Retz, un des plus illustres scélérats, ne connut pas la joie pure d'un calme alchimiste, malgré ses forfaits.

Le mal est la débilité de l'âme comme la maladie est celle du corps. Il n'y a pas plus de raison d'attribuer l'un que l'autre au Créateur. Mais en dehors de la constitution, nous pouvons davantage en esprit qu'organiquement : illimité même s'ouvre devant nous le champ des réactions spirituelles.

Le verbe crée son affirmation : et plus l'affirmation est haute, plus l'homme s'élève. Le seul mal est le désespoir. Il y a toujours un parti à tirer de soi, des autres, de l'époque ; il y a toujours expiation possible pour le plus grand crime et il y a toujours une ascension prochaine devant la vertu, même accomplie.

Des apparences de ce monde le mal est la plus dangereuse ; c'est une brume qui baigne nos cœurs, mais qui ne résiste ni à une prière, ni à une volonté.

LES ANTINOMIES

DE LA

MÉTAPHYSIQUE

———

I

LA NOTION MÉTAPHYSIQUE

Τα μετα τα φυσικα l'étude qui vient après la physique, selon le titre d'Aristote est la partie transcendante de la philosophie, déterminant, à la fois la Théodicée et la Psychologie. Seule elle fournit des méthodes, car seule elle traite de l'être en soi : véritable science de l'absolu, sacerdotale et ésotérique dont Platon, Plotin et les mystiques gardèrent le dépôt, depuis eux dispersé. Malheureusement, la culture passe d'Aristote à Descartes et à Malebranche. L'un a dit: la philosophie a ses racines dans la métaphysique, et l'autre « c'est la science des principes qui servent de bases à toute connaissance. » Leibnitz se classe le plus haut des métaphysiciens classiques. Locke, esprit médiocre et Condillac, esprit nul, au lieu de voir dans la sensation le subtratum de la pensée, y ont trouvé sa génèse : l'idée succedané des accidents organiques ne signifie que des contingences individuelles, des idiosyncrasies sans objectivité.

D'Alembert conclut ce mouvement en polisson disant : « la métaphysique, une science vide et contentieuse dont les propositions insolubles et frivoles alimentent seulement les esprits ténébreux et faux. »

Kant a projeté l'ombre épaisse de son entendement, définissant la métaphysique : « l'inventaire systématique des trésors de la raison pure : » Il a trouvé qu'il y avait une métaphysique de la nature et une métaphysique des mœurs : et on appelle cela de l'idéalisme ou selon le mot comique des manuels « un demi-septicisme » produit bizarre où la subjectivité s'allie a l'universalité. Habitués ne voir l'idée que formulée et phrasée, au lieu de l'étudier à l'état idéal et imaginatif, préoccupés des conséquences de l'assertion plus que de la vérité, les philosophes ont nié la métaphysique par inimitié contre la religion, assez habiles pour prévoir que la métaphysique acceptée, le dogmatisme devenant légitime, l'ère des fantaisies individuelles se fermait. Ajouter la vérité à la vérité est plus difficile que de faire de la scolastique impressionniste ; il faut un nez bien beau pour qu'on le remarque ; exagéré, difforme, il attire l'attention, aisément. L'idée est un phénomène si général qu'on l'étudie à son gré : à l'état abstrait chez plusieurs, à l'état sentimental chez tous.

D'où l'homme prend il les idées d'absolu qui se trouvent chez le sauvage, ou le rural, comme au plus haut degré d'évolution ? Il faut une convenance naturelle entre l'homme et ces notions ? Et les notions existent dans l'homme ; la vie les éveille.

Le bon, le beau, le juste, ne sont ni personnes ni choses, et tout le monde les connaît. La sensation nous révèle un objet par ses qualités affectives : mais, la qualité sans objet, comment la concevons-nous ? La mesure de l'ordre terrestre ne donne pas l'idée d'infini ; ni les huit à neuf mille ans d'histoire, celle d'éternité ; ni la vue de nos voisins, celle de beauté !

Comment l'abstraction entre-t-elle en nous ? On chercherait indéfiniment ; elle n'y entre pas, elle y est, en puissance.

L'idéalisation est la réaction de la conscience au contact de la vie.

L'homme possède la faculté de concevoir la qualité en elle-même, en dehors de l'objet. La force n'est pas une Pallas, ni la Bonté une Héré, ni la justice un juge : l'attribut sans sujet, l'attribut sans figure ne présente qu'un rapport de l'homme ; à quoi ?

Car un rapport mène une ligne droite ou courbe entre deux points : l'homme étant le premier, quel sera le second ? l'Univers.

Il se révèle à nous par des phénomènes aussi mystérieux que l'abstraction, plus précis en leur périodicité, et qui devant notre ignorance se nommerait l'indéfini.

L'abstraction se formulerait donc le rapport de l'homme à l'indéfini : mais ce qui échappe à la définition, par son étendue, sa multiplicité ou son essence, suppose un mystère, c'est-à-dire un défi à la pénétration de notre espèce.

Nul n'a dit encore « l'univers est Dieu » parceque l'univers présente, comme l'homme, les stigmates d'une dépendance, les signes de la chose obéissante. On obéit qu'à une force en physique même, et l'univers obéit : la relation de l'homme avec la force rectrice supérieure s'affirme, en dehors du Cosmos. Car, la loi nous pénètre et nous régente aux sentiments et aux pensées comme aux sensations et événements, et celui qui n'en sent pas l'imminente injonction, est inattentif ou ignare.

— Officiellement, il y a quatre prodromes métaphysiques : le dualiste du cathéchisme où l'homme est dit corps et âme ; le matérialiste où l'homme n'a qu'un corps ; l'idéaliste classique où l'homme n'est qu'âme ; enfin le panthéiste où l'homme est particule divine et Dieu identique au monde, Une cinquième conception, la plus ancienne et que les régents ne mentionnent même pas, est ternaire, elle attribue au mortel : un corps, une âme et un esprit ; et ainsi satisfait au matérialiste par le reconnaissance que l'homme a un élément d'animalité; à l'idéalisme en séparant le déterminisme animique, de l'intellectuel.

Confondre la sensation avec la conscience, ou celle-ci avec l'intelligence, suppose une étourderie étrange; il y a litige pour les phénomènes extrêmes de chaque catégorie ; des vibrations organiques sont déjà conscientes ; des conscientes restent encore physiques ; et je dois le répéter, le point étant d'importance, l'idéalité, d'ordinaire, tient la place de l'idée pure et n'est que sa sentimentalisation.

Les trois séries phénoménales restent précises indéniables.

La vie organique offre le spectacle de la naissance, de la mort; la vie animique déjà mystérieuse cache son début et sa fin, le balbutiement de la conscience et la scission finale de l'âme et du corps échappent a notre contrôle.

On a des fœtus de divers moments de la gestation, mais quand la conscience se forme-t-elle chez l'enfant: et dans la mort, que voit on finir? Rien que la vie organique ; la maison physique s'écroule ; l'armure subitement disjointe se rompt et sombre inerte, c'est bien la forme humaine qui va pourrir mais ce n'est que la forme !

Devant l'expérience stricte, l'âme est un mystère : quelques uns, ont pu s'en écarter, parce que cette pénombre gêne leurs pratiques études, mais leur affirmation de la mortalité de l'âme est la plus gratuite des opinions et ne se défend par aucune démonstration. Avec la vie organique, la vie animique cesse à nos yeux : voilà toute la science, et l'homme qui, laïquement, prononce un mot de plus est un imposteur ou bien il propose son sentiment personnel et comme sentiment, non comme démonstration.

Le troisième élément de l'homme, l'intelligence a des preuves de son existence aux bibliothèques, aux Musées et aux Eglises. Le regard du S. Jean, l'élan de la Samothrace et le plan de Notre-Dame ne sont ni des phénomènes organiques, ni des animiques. Les œuvres du génie ne se rapportent à aucune nécessité : l'humanité cependant trouve en elles ses mœurs, ses idées, ses plaisirs.

Le génie a créé des systèmes et des formes, comme un arbre porte des fruits, selon son espèce ; mais le génie considéré comme fonction correspond à une nécessité.

La vie organique s'entretient animalement, la vie animique affectivement : la vie idéale ou spirituelle a besoin d'ascèse, de nutrition, d'éléments. Peut-on dire que l'homme a besoin d'art, de beauté, de chefs-d'œuvres ? Non, car l'homme a détruit les plus belles œuvres et ce qui nous reste ne représente pas le millième de ce qui fut et encore cela n'est-il resté que par énormité ou valeur marchande.

L'homme a-t-il besoin de science ? il n'a besoin que d'expérience pour être marin, soldat, laboureur, banquier.

Le domaine de l'art et de la connaissance ressemble au Mail des petites villes, on n'y voit que quelques excentriques et ceux qui préparent un examen.

La vie spirituelle se réduit à l'incapacité d'un Mac-Mahon et on atteint aux plus hautes fonctions sans être un homme c'est-à-dire sans avoir jamais pensé, en remplaçant le développement de la conscience par la rigueur des consignes sociales, aveuglement suivies.

Ce qu'on appelle progrès est un niveau qui donne l'illusion d'une humanité surélevée, par effet d'uniformité.

A une revue tous les soldats sont identiques, la civilisation produit le même effet d'unité et la civilisation est bonne : elle distribue une moyenne de nutrition animique, elle force l'individu à un rendement moral, relatif.

Les quelques idées qu'elle met en œuvre, humanité solidarité, patrie, progrès, devoir, honneur sont des emprunts à la métaphysique.

Certes les assemblées publiques, en France du moins, ne montrèrent jamais de penseurs et la Convention moins qu'une autre ; entre les rhétoriciens de la Gironde et les hurleurs de la montagne on passe du poncif d'un discours latin à la hâblerie Gambettine.

Enfin trois mots balafrent un temps comme le nôtre : liberté, égalité fraternité, qui n'ont un sens qu'en métaphysique ; car socialement la liberté consiste à être fusillé jusqu'à quarante cinq ans pour un « ouf » mal adressé ; l'égalité à dépendre du plus riche que soi, et la fraternité à avoir ses supérieurs pour bourreaux, ses égaux comme envieux et ses inférieurs comme ennemis.

Les pires énergumènes, brutes inconscientes d'une réaction ne pensèrent jamais au sens de leur formule; mais il faut de l'étoffe pour qu'un bâton devienne un drapeau, il faut un idéal pour qu'un attentat se légitime. L'homme qui tue sans devise est un brigand : toujours les foules ont hurlé un mot d'abstrait « Dieu le veut » ou « vive la liberté. »

Quant à savoir le sens de ces mots, aucun n'y songe, et s'il les découvrait il serait métaphysicien, et réduirait d'un coup quatre antinomies dignes des bords du Rhin.

La liberté et la providence ; l'individu et le collectif social ; l'égalité et la hiérarchie, la fraternité et l'égoïsme.

Car l'antinomie est un jeu allemand pour les grandes personnes aussi simple que de frapper deux cailloux et d'en faire jaillir du feu. La liberté, tendance de tout homme se limite au consentement d'autrui et aux mœurs et aux lois et à la justice.

Si on ne donne à chacun que la liberté qu'il mérite, il faut agrandir et peupler les prisons.

Vautrin, dans son prosne à Rastignac a séduit et séduira bien des jeunes volontés et Vautrin le forçat, l'ennemi de la société, est le dernier héros de l'indépendance individuelle, l'incarnation sinistre de l'idiosyncrasie, forme hautaine de la liberté.

Quelle somme de libre arbitre reste-t-il à l'homme, quand il a fait la part de la fatalité nommée Providence par les chrétiens ?

Jésus lui-même ne désarme pas devant la dîme des Pharisiens ; or, quel comtemporain donne aux pauvres le dixième de son revenu ?

La nécessité sociale et l'idéal chrétien luttent en

tel conflit, que chaque chapitre de l'Evangile évaporerait une volée d'antinomies si Kant y avait penché sa lourde tête; la charité représente une contradiction perpétuelle avec la nécessité, les devoirs même se heurtent entre eux : le père de famille distrait-il de sa filialité des commandites pour la dévotion ou la confrérie politique? Dans quelles mesures proportionnera-t-on l'aumône entre ceux du sang et, les étrangers ceux de la race et la Xénie? Telle qui se croit appelée à la vie contemplative abandonnera-t-elle ses obligations de famille ?

Souvent, aux cours des vies simples, sans cesse, aux décisions politiques, il faut réduire une antinomie, pour agir avec justice. Le droit chemin ne se découvre qu'à l'intelligence la plus multipliée en ses vues : et la foi, malgré sa sublimité manque souvent de mesure : exclusive, impérieuse sans aucun doute en ses dogmes, elle arrive à une application impitoyable.

La métaphysique étant la science de l'abstraction, ne peut pas être suppléée par la théologie. Le dogme, invariable en sa formule, ne nécessite pas toujours les agissements de ses fidèles : et le Pape qui s'enfermant dans la certitude théologique, ne contrôlerait pas, par des opérations de pensée pure, les conséquences de la religion, serait un curé et non un Pape.

La métaphysique est donc la critique de toutes les questions de la connaissance, surtout dans l'application.

II

LA SCIENCE ET LA FOI

Les livres sacrés des grands peuples ne concordent pas avec les manuels de l'instituteur primaire. Rire d'un texte dont on ignore la langue et opposer l'autorité du cabaret à celle des siècles, sont-ce les œuvres finales de la civilisation ? En d'autres termes, le mystère échappe aux pédagogues quoique agrégés ; M. de Voltaire ne savait pas un mot d'hébreu, ni même de philologie et le langage athéistique a malheureusement chez lui, le caractère de l'ivrognerie.

Les livres sacrés ont pour eux une marque ; ils sont les plus anciens ; et un prestige, ils sont aussi les plus beaux.

On veut qu'ils soient aussi les plus absurdes et faux : or, quel chef d'œuvre de poésie citera-t-on vide ou stupide? D'ordinaire la perfection d'une langue et d'un art ne se montre pas aux billevesées ; tabatière ou éventail, n'ont jamais été les chefs-d'œuvres de l'enluminure : le poème de Chapelain est égal de forme et de pensée.

L'Antinomie de la science et de la Foi n'existe pas plus que celle du chaud et du froid ; la foi commence là ou la science s'arrête. Il serait bien oiseux de dogmatiser ce qui est expérimentable, comme de vouloir expérimenter la dogmatique.

Les cas d'égalité des triangles n'ont pas lieu d'être admis sur parole, étant démontrables : toutefois, il y a une autorité en matière abstraite, comme au concret et beaucoup de formules scientifiques n'ont eu et n'ont encore pour elles que d'être préconisées par une Académie des sciences qui ne représente pas plus de certitude qu'un concile.

On enseigne qu'il y a un nombre déterminé de corps simples ; ce qui est faux, mais scolairement admis.

Les antinomies naissent d'une usurpation de frontière : l'homme des phénomènes arrivé à l'extrème de l'expérience a planté une borne, non pour limite de son activité, pour limite de la connaissance : semblable à un piéton qui parvenu au bord de l'océan, déclarerait que le grand phénomène pontique ne peut être classé,

L'homme de la révélation, à son tour, a voulu imposer des textes qu'il ne comprenait pas. A l'expérimentation Galilée fut happé par l'Inquisition parce que la paresse sacerdotale tympanisait l'esprit humain avec un seul livre, dont elle espérait faire un Koran. L'humanité souffre encore des contre-sens de la Vulgate, pieusement reproduits du reste par Segond et les autres. Il y a peu de temps, le Père Ventura voyait le diable dans le magnétisme animal et le journal *La Croix* appelait le musée Guimet « un musée impie ».

S. Grégoire a fait jeter au Tibre les marbres grecs et les autodafés témoignent de la barbarie chrétienne, autant que les spectacles du Cirque, de celle de Rome.

Patrizzi, l'adversaire d'Aristote, a prétendu le premier, grâce à la protection vaticane, que la religion avait une existence propre, distincte du cours changeant sans cesse de la science.

Toute affirmation religieuse contradictoire à l'expérience est fausse de ce chef : mais ni les dogmes, ni les grands auteurs de la théologie ne tombent dans cette aberration.

On ne tirerait pas de Saint-Thomas une proposition contraire à l'évidence scientifique : ce profond génie, reste dans son domaine, qui est la Théodicée.

Le moyen âge, en attribuant au malin, les phénomènes si extraordinaires de la possession et de la sorcellerie se trompait quant au déterminisme : mais la science a-t-elle su réduire les manifestations du spiritisme ?

La question des miracles n'a d'importance que pour les animiques ; ils prouvent la foi et non la vérité. Jésus a fait des miracles pour les foules car pour elles la raison de croire est effective : son vrai miracle c'est lui-même, le reste n'est rien qu'une miséricorde pour des âmes communes dont l'enthousiasme ainsi fut suscité.

Les saints thaumaturgèrent, au nom de Jésus, plus de prodiges que Jésus lui-même. Forcé de faire le bien dont-il était sollicité, forcé d'être thérapeute, il marqua sa prédication de bienfaits, mais il les mesure, il fait le prodige, comme à regret et selon la seule nécessité ; ou plutôt, le mal, la maladie obéirent à sa seule approche et disparurent, là où il paraît.

Le Sauveur n'a pas même touché à la religion juive, comment aurait-il songé à la science et au désaccord de son verbe avec elle ?

Or, la science existait, sous forme sacerdotale, et c'est comme savants autant que comme croyants que les docteurs du Sanhédrin déclarèrent menteur et insensé le Galiléen.

L'hémoroïsse guérie pour avoir touché le manteau du Christ, était un cas de réaction morale inadmissible pour les positivistes du temps.

La foi a un double aspect, la Pistis de Proclus s'abandonne à l'illumination, persuadée que Dieu se révèle au principe divin qu'il a mis dans l'homme et le *Shradha* brahmanique qui est le culte de l'ancêtre, l'oikakratie Pélasgique manifestée au vama-Veva, reproduit la formule Abrahamide, non de la race, mais de la caste élue.

Ces deux courants, au lieu de se fondre, se sont méconnus et combattus. Les hommes ne comprennent que leur langue; les penseurs d'un même idiome ont un caractère semblable. Par l'acception du mot et la spécialité des images une langue est déjà presque une doctrine. Semblablement, les trois grandes activités humaines : Religion, Art et Science forment les trois langues du verbe et ce qui est langue, est frontière.

Le prêtre ne voit pas un hymne à Dieu dans un traité d'anatomie ; ni le savant que le chef-d'œuvre est la descente du mystère dans le réel, ni le prêtre qu'il a deux émules, dans Kepler et dans Léonard !

Entre le prêtre et l'artiste, de stupides et fausses idées de morale se dressent ; l'homme du vœu de chasteté s'effarouche devant la chair idéalisée et l'homme de la beauté se révolte devant la laideur de certaines formes dévotieuses et l'insouci esthétique du clergé. Quant au physicien entre les deux mystères de l'art et de la religion, il cesse de comprendre ; ses outils d'analyse deviennent sans valeur. Un trait au crayon sur un papier, fut-il de Léonard, ne lui paraît pas mériter des pleurs d'enthousiasme; et l'Eucharistie, la transubtantiation du pain et du vin en le corps deDieu, ne se rapporte à aucun des théorèmes scolaires.

Qui donc réunira, pour faire de la certitude, ces trois éléments nécessaires, religion science et art ? Seul, le métaphysicien, car seul d'esprit tempéré il recherche la science, pratique la religion et adore la beauté.

La vérité, telle que nous la concevons, est toujours amoindrie par notre conception même.

Notre esprit forcé, par sa faiblesse a des doctrines incomplètes, et notre cœur entraîné à l'exclusivité, nous constituent en fanatisme de notre croyance, au lieu de la vérité.

Prédominer sur l'autrui, tel notre vœu; nous harmoniser avec lui, tel au contraire, le devoir.

Choisir entre la religion et la science, l'hésitation impossible ne se produirait que chez des professionnels. L'humanité a vécu de religion, et non pas de science.

Activité pour activité, celle qui conquiert l'au

delà est supérieure a une notation phénoménale. La religion donne le bonheur au mystique, la consolation au simple pratiquant, c'est la Panacée et le Panchreste et le Panthée : elle suffit à la vie morale, elle nourrit, elle grandit, elle accomplit.

Le vice de la science et de l'art, c'est de ne pas être conçus et pratiqués comme des religions. Les deux mille prétendus artistes qui chaque année exposent à Paris ne seront jamais vrais pasteurs d'âmes et pontifes de la sensibilité latine. L'Académie de médecine ne prétend aucunement à un caractère sacré, à une qualité mystique.

Ce sont les philologues qui ont nié l'existence d'Homère et les érudits celle de Shakespeare. Ainsi ceux qui s'appliquent à l'étude de la création et qui connaissent le mieux l'univers, doutent de son auteur.

La psychologie des opinions révélerait que ce qui semble de la doctrine n'est que du tic individuel : telle négation ne représente que les nerfs d'un homme et non sa pensée. Il y a de l'humeur et, des vapeurs, dans les systèmes ; comme dans le discours il y a la mimique et la façon d'articuler et les particularités du débit.

Paresseux et timorés les prêtres se signent devant la nudité : ils prennent le beau pour une manifestation de la concupiscence, et leur foi, vertu mal assurée, craint la contradiction et l'examen.

Les savants dédaignent la métaphysique par impuissance à compléter leurs connaissances avec celle des lois supérieures ; et les artistes deviennent les singes de la nature, copiant la banalité de la vie et sa grimace.

La science peut être la noble sœur de la religion: si le savant sait prier, comme il le sut jusqu'à l'infâme dix-huitième siècle.

Si le Bien est le but de l'humanité comme de l'individu, la religion reste le moyen de purifier chacun et tous.

Mais la religion a besoin de tempérament plus qu'aucune autre passion et la science a la mission de contraindre et de limiter le mouvement souvent fébrile de la foi !

III

LA FOI ET LA RAISON

La métaphysique n'a pas de preuves physiques proposition parfaitement claire et qui suffit à ruiner beaucoup d'arguties.

La physique n'a pas de preuves métaphysiques, formule parallèle qui remet bien des choses en leur place.

Mais le phénomène métaphysique n'est pas niable et tout ce qui est phénoménal s'impose à la science : or la passion et la pensée se montrent assez vivement. Il est parfaitement certain qu'un nommé Wagner a écrit l'*Anneau du Niebelung*, que cette œuvre est comprise par un nombre considérable d'individus et que création et compréhension représentent une faculté de l'homme tout à fait différente de celles étudiées par un physiologue.

Comment antimonier la Raison et la Foi, puisque le domaine propre de la raison se limite à la conscience de la vie, que le domaine de la croyance commence au point mort du raisonnement.

Voir l'invisible, de ses yeux ; toucher l'intangible de ses mains ; saisir l'impondérable et matérialiser l'esprit pour l'étudier, sont des aberrations.

Les choses de l'âme ne sont sensibles qu'à l'âme et les choses de l'esprit qu'à l'esprit : il est donc stupide de demander une physication de phénomènes métaphysiques. Ni la lentille, ni l'électromètre, ne serviront à percevoir un état d'âme, il n'y a pas d'autre laboratoire que l'identité des facultés d'espèce chez tous les individus.

Le nombre de ceux qui ont cru, est tel et la qualité même de ceux-là si excellente, qu'on s'isole de l'espèce et des génies, en niant qu'il y ait lieu de croire.

La diversité des croyances, leur bizarrerie, leur excès ne prouvent pas contre la foi : non plus que la débauche et le crime ne déshonorent l'Amour, ni que les œuvres manquées ou imparfaites doivent écarter du Beau et de sa recherche.

Aristote définit la métaphysique « ce qui doit être étudié après la physique » la Foi est ce qui doit être cru, après la raison.

Où la raison nous laisse-t-elle, comme Virgile

quitte le Dante au Purgatoire, cédant la place à Béatrice. Car la raison est produite par la conscience et l'intelligence à la fois.

Il y a une logique des faits et de l'expérience, et une autre toute intellectuelle qui s'élève par l'analogie aux considérations transcendentales. Ainsi, la conception que l'idéal peut être supposé d'après le réel ; que la créature a une série ascendante au-dessus de l'homme corrélative à la série descendante qui vient après lui : la notion des lois de l'univers, tirée de l'étude de l'homme, sont, malgré leur caractère hypothétique, des opérations logiques.

On est frappé de la multiplicité des systèmes et on doute presque que la vérité soit trouvable c'est la même illusion que produirait un amas d'objets disparates. A mesure qu'on les classe, la confusion diminue. Ainsi il n'y a que trois sectes chrétiennes : celle qui ne reconnaît que le Pape, l'autre qui se soumet au Saint Synode et la dernière qui n'a point de règles.

L'Eglise grecque orthodoxe est un schisme politique et ne représente que du nationalisme sans valeur intelectuelle ni artistique, sans œuvres, sans livre, sans fruits, stérile et nulle devant la civilisation. On peut y être parce qu'on y est né, mais nul n'y viendra par l'étude : c'est le patriotisme, cette passion infernale, qui alimente tout le schisme.

Les protestants n'admettent aucune autorité; et présentent un christianisme anarchique, ils n'existent pas théologiquement. De plus ils n'ont rien écrit de fort, ni de touchant, ils n'ont rien construit, rien inspiré, sans mystique sans morales, sans livres, sans arts : enfin ils ont détruit quatorze mille monuments, en France, et se réunissent dans les bâtisses hideuses ou dans des églises volées.

Raisonnablement un chrétien est donc un catholique, puisque en dehors du catholicisme le christianisme n'a rien pu produire, pas un livre, pas un temple, pas une statue. Aucun occidental a moins d'intérêt, n'a adopté une des grandes religions orientales : ce sont pour l'Europe, des objets d'étude, de comparaison, d'admiration et rien de plus. Donc, il n'y a qu'une religion en Occident le catholicisme; et le christianisme n'est que sa déformation patriotique et nationale.

En philosophie, la nature est plus touffue parce que l'individualisme y a pleine carrière et le plus grand nombre des philosophes ne sont que des artistes de l'idée, des Baudelaire et des Verlaine de la connaissance : ils apportent un amour propre d'auteur à une matière si sévère que celui qui la traite doit s'oublier : ils veulent être originaux, personnels ; abstraitement l'individualisation est toujours une erreur.

On donne son goût, en matière de cuisine et son sentiment en thèse de conscience : en métaphysique on doit donner une opinion celle qu'on croit vraie, et non son opinion, au sens, de son penchant. Les fugues de Bach et l'Organon d'Aristote déplaisent à mon goût et à ma façon de concevoir, ce sont pour moi des matières presque ennemies et dont je ne m'approche qu'en me forçant : mais je m'y force, parce que, cérébralement je sais qu'il y a point, hors d'elles, de discipline et partant de vérité.

Ce sont les règles de la religion et non les thèses qui éloignent les pervers et font les rénégats. Marthin Luther était un pauvre homme grossier qui a fait de son besoin copulatif une hérésie : ce qui est à la fois stupide et grandiose, car l'émulsion d'une braguette de moine bouleversant l'occident, cela dépasse tous les désordres des plus célèbres courtisanes.

Un réformateur qui élargit la discipline n'est qu'un fantoche, et un déformateur.

Manet, aussi a réformé la peinture en supprimant le dessin, la perspective la demi teinte et M. Zola a bien vraiment révolutionné l'art d'écrire.

en le pratiquant, avec une ignorance si totale de l'histoire et même du lexique qu'il incarne l'ignorantin aux lettres profanes.

Jean Caboche de l'écritoire, maillotin et sans culotte du roman, il personnifie le positivisme esthétique et serait un dignitaire précieux du Monisme, la parade pédante d'Haëckel.

Toute œuvre a un auteur et l'univers n'en aurait pas ? Voilà ce que la Raison dit à l'athéisme !

L'auteur est toujours extérieur à son œuvre la statue n'est pas identique au statuaire : et l'univers contiendrait le créateur ?

Voila ce que la Raison dit au Panthéisme.

Toute régularité, toute périodicité, toute durée suppose une loi et la régularité de l'année, des saisons et des jours, et les périodicités planétaires la permanence de l'économie universelle ne supposerait que l'anarchie, le hasard ?

Une pierre qui tombe, qui roule. qui s'effrite obéit à des lois de chute des corps, de mouvement, de chimification atmosphérique, et l'immense Cosmos, lui, serait sans règle, sans Norme ?

Dans l'état des connaissances humaines, le matérialisme s'il n'est pas une carrière, n'est qu'une stupidité. L'Ordre préétabli éclate aux yeux du médecin et du physicien, de l'homme des sciences naturelles.

Enfin, je reviendrai ici au critère que j'ai indiqué, à l'œcuménisme des génies, critère formulé aussi par Ruskins, ce grand métaphysicien d'art qui ne fût qu'esthète, mais d'une façon sublime.

Un Pythagore, un Aristote, un Platon ne se trompent pas : où ils n'ont pas épuisé les conséquences d'une idée ou ils l'ont dépassée ; il y a chez eux des excès de vérité ou bien des écourtements d'énoncé, et cela forme leurs divergences, mais en eux, il n'y a pas d'erreur.

Si on pouvait faire à Kant l'honneur de le nommer à propos de Platon, son impératif catégorique, ne serait que le Béau Académique vu dans l'axe d'utilité.

Descartes s'est trompé d'un mot, d'une différenciation, il a dit l'être identique à la pensée, au lieu d'identique à la conscience.

Quoi de plus vain que les sectes ; toutes sont vraies.

Il n'y a qu'un seul Dieu : Abraham et Mohammed ont raison.

Tout est né de lui, et le coquillage de la grève et l'insecte du champ sont les infinitémisales mais consortantes parcelles de son verbe. Spinosa a raison, et l'Inde aussi, Dieu coule avec lé fleuve, passe avec le vent, tout est de lui, et tout est lui.

Et il est plusieurs, il est légion, il est autant de fois

qu'une âme le reçoit et l'aime ; l'Eucharistie n'est que l'intensification de la permanente communion du Tout Puissant avec ses fils. Jamais l'élu, le pur ne le verra, mais le plus humble n'a qu'a tomber à genoux pour le sentir. Père, par sa sollicitude sévère ; frère, par l'incarnation ; esprit, par l'inspiration qu'il donne à qui la mérite, Dieu nous inonde de vie, de grâce et d'intelligence et il est trois, pour opérer plus de miracles sur la chétive mais si chère humanité.

Rien au monde ne peut nous donner plus d'orgueil que de penser à la Passion : si Dieu nous a estimés si précieux de déposer sa Divinité pour nous entreindre et sauver, si Dieu a daigné devenir *nous* c'est pour que nous devenions *lui*.

Que chacun se figure l'empereur Carle se jetant à la mort et à l'ignominie pour sauver le dernier des rustres : et quelle faible image de l'acte de Jésus ! Tous les mystères peuvent être éclaircis, sauf le mystère d'Amour sans expression, sans qualification : et si l'amour a pu faire de Dieu un homme, c'est qu'il peut faire d'un homme un Dieu, et un Dieu, qu'est-ce sinon le plus rapproché, le plus prosterné des adorateurs de Dieu.

Car les catéchismes disent Dieu « un esprit », blasphème symbolique de tout l'épiscopat.

Dieu est l'Amour : et la seule chose qui résiste à la raison, qui la défie et la terrasse, c'est son amour pour l'homme, version foudroyante de l'infini, manifestation d'une telle lumière que ni les anges, ni les plus grands des hommes ne comprendront jamais cet inneffable sentiment. Les tendresses unies de la chair et du devoir ne le traduiraient pas.

Nous ne saurons pourquoi Dieu nous a tant aimés, qu'en lui rendant cet amour, avec l'aveugle passion qui devient, la lucidité absolue quand elle s'oriente vers celui qui a eu raison de mourir pour nous afin que nous vivions pour lui, dans l'Eternité qui est le battement de son cœur.

IV

LE BEAU ET LE RÉEL

Si l'Art avait pour but de produire l'illusion de la vie, les *Syndics d'Amsterdam* seraient le plus beau tableau du monde; Rembrandt, trônerait maître des maîtres.

Or, Rembrandt est inférieur aux grands italiens et les Syndics ne valent pas un orteil de la Sainte Anne, un doigt de Saint Jean, un muscle de la Sixtine !

Si l'Art avait la licence de produire le laid, les Japonais, ces sinistres farceurs seraient les génies les plus indépendants, car ils ont réalisé l'araignée, le crabe, les difformités, les laideurs, avec une prédilection de monomane et une intensité de malade.

Or, le plus beau tableau du monde, malgré qu'il

y ait une faute dans le coude, et que tout ne soit pas de la même main, le tableau indicible, sans égal, tellement sublime que les conservateurs du Louvre ne l'ont pas compris et ne l'ont pas mis à côté de la Joconde, qu'il surpasse autant que saint François surpasse sainte Claire, c'est le *Saint Jean* à mi-corps. En 1882, j'ai dit que la Samothrace était la plus belle statue du Louvre et maintenant c'est admis : la Vénus de Milo est détronée de sa préséance, sauf aux yeux des anglais ; mais les yeux des anglais ne comptent pas, ce sont, parmi les peuples, les sans-sculpture, les sans-musique.

Dans dix ans, le Saint Jean sera adoré comme l'iconostase même de l'art, lorsque les oracles patentés auront accepté mon dire et l'autoriseront de leurs titres d'employés de ministères.

Pourquoi ce panneau est-il presque l'absolu de la peinture : parce qu'il réalise le clair-obscur bien avant Rembrandt ? Non, ce tableau n'est qu'un geste ; je n'entends pas celui de la main, un geste des yeux et de la bouche ; et ce geste contient le plus grand nombre de rapports harmonisés dont un regard et un sourire soient susceptibles : c'est la plus abstraite des expressions connues et sa résolution plastique : le blason de toutes les antinomies, de la forme et de la sensibilité, antinomie du sexe, antinomie de passion, antinomie d'idée et de conscience ! L'Egypte a légué son sphinx, et la Renaissance le Saint Jean et il n'y a rien au monde d'égal en signification au colosse de Ghizeh, sinon le Saint Jean du maître, de l'archimaître Léonard de Vinci !

Si le chef-d'œuvre des chefs-d'œuvre est fait d'un regard et d'un sourire le visage humain sera la seule forme qui puisse exprimer l'esprit.

Un torse, un seul bras levé, le moindre débris qui dit un sentiment ; un fragment, révèle la détresse d'une Niobide, l'effort d'un athlète, la colère d'un Achille : l'intelligence ne paraît pleinement qu'au visage.

Cette théorie qui met Léonard au-dessus de Raphaël et de Michel-Ange, et qui vaudrait un surcroît d'admiration à l'école française des deux derniers siècles, ne laisserait debout aucun des contemporains. Le grand Delacroix lui-même n'a jamais résolu le dessin intérieur d'une tête, et le Poussin si admirable demeure impuissant à mettre de l'infini dans un œil et du secret sur des lèvres.

Après la tête, le corps humain est le second thème de l'art ; là Michel-Ange l'emporte même sur Léonard : la Sixtine, la grande machine plastique, écrase, par le jeu anatomique, la rhétorique formidable et la colossalité dans la variété : les génies seuls, figures accessoires constituent une amplification morphique sans égale !

Pour le groupement des personnages, le prix reste suspendu entre le *Cenacolo* et l'*Ecole d'Athènes* ; de son vivant, le *Cenacolo* était le magistère, mais c'est une œuvre morte, perdue et voilà pourquoi le Sanzio balance le Vinci.

Il s'en faut que ce jugement soit commun : et les succès des vingt-cinq dernières années témoignent d'un positivisme tel, que l'État ose acheter des tableaux de fleurs, des natures mortes et des paysages, comme si on devait encourager ces basses et faciles œuvres de métier. Ces ignares qui ne savent pas mettre de l'âme dans un regard se flattent de réaliser de l'idéal avec une raie, un citron, ou quelque arbre reflété dans une mare. Jamais l'humanité n'avait vu des ordures comparables aux Manet et aux Caillebottes ; les auberges n'en voudraient pas pour enseigne et l'Etat les achète, encourageant les pires turpitudes dont un ébauchoir ou un pinceau soient capables. Ici, encore, en esthétique, le métaphycisien seul guiderait, car seul il enseigne à réduire l'antinomie de la vie et de l'idéal.

Quel que soit le modèle, il faut que l'artiste l'harmonise. C'est-à-dire, choisissant ce qu'il présente de mieux, transpose tout le corps dans cette portée. Celui qui en plastique ne sait pas transposer c'est-à-dire étant donné une cheville en perfectionner le pied, ignore la grammaire de son art.

Le poncif est une impuissance quand il reste la forme définitive de l'œuvre : il en constitue la préparation.

En se servant du poncif, on est encore David Gérard, Girodet ; en ouvrant sa fenêtre sur l'art, on n'est plus que Manet. Littérairement, la Comédie Humaine reste l'œuvre du siècle, elle n'a rien inspiré dans les Beaux-Arts : ni dessin, ni sculpture. Même ces romans où le dialogue tient du prodige, où l'intensité des effets et la profondeur des caractères abondent, n'ont pas fourni un bon drame. Voilà une antinomie critique embarrassante. Balzac a peint, incomparablement les gens d'une date et les Beaux-Arts ne veulent pas de date, ni au langage, ni au costume ; ni de mœurs spéciales. Ils sont obligés aux traits généraux typiques ; ni un Père Goriot, ni un Hulot, ne les possèdent, trop particularisés, individuels et locaux. Par conséquent, le théâtre contemporain disparaîtra, comme disparaissent les modes et les journaux. quoiqu'il y ait souvent beaucoup d'invention dans les uns et les autres.

On a fréquemment entendu le clergé exorciser

l'art ; parcequ'il est un sacrement, que l'onction n'attribue pas au prêtre. De même le théologien professionnel ne reconnaît jamais l'autorité d'un laïque aux matières sacrées. Aussi l'art, avec son cortège d'indépendances et d'apparent désordre effrayera toujours le prêtre moderne qui, sous la pression de la dévote, emplit les plus belles cathédrales des ignominies qu'on fabrique autour de Saint-Sulpice.

Joseph de Maistre n'a pas hésité à s'élever contre le nu et le nombre de gens qui s'effarouchent d'un moulage antique est considérable : l'apport esthétique de la Réforme, le vice protestant se dresse aux cathédrales ; et un vice est double quand il est protestant.

Jamais une puberté ne fut hâtée, par le musée ou la statue du jardin : à preuve, les collections libidineuses ne contiennent pas d'antiques, ni de grandes œuvres de la Renaissance : l'Art émeut l'imagination et non les sens ; on admire une déesse, mais on désire une petite femme. Il en est de même pour l'expression passionnelle ; héroïque et intense, elle ne contagionne pas, ce sont les vulgarités qui familiarisent avec le péché, et une époque ne s'est jamais dépravée qu'au tableau de ses propres mœurs, littéralement à son portrait. Cette opinion gêne trop de monde pour qu'on l'adopte.

L'Art considéré, comme un agrément, une distraction, entre le billard et la pêche à la ligne, produit Meissonnier et l'actuel répertoire de la Comédie Française.

Hors de Shakespeare, la France seule a un théâtre aux temps modernes, qu'on est réduit à lire, parce qu'on ne sait plus le jouer. Le beau langage uni au beau sentiment humilient une décadence qui a l'âme perdue et l'habitude de l'argot. D'encanaillement en encanaillement, le lyrisme gîte au cabaret et le dessin sur les affiches : car, à cette heure, les réclames sont mieux linées que les tableaux et la Muse la plus verveuse est celle du boulevard extérieur. L'assommoir, dernière station avant la voirie, voit les ultimes talents se monnayant le soir aux tavernes, presque aux ruisseaux.

Si on considérait l'art comme la nourriture de l'âme, qu'on fut esthète comme gourmand et qu'on recherchât les bonnes ou fines impressions du beau comme on fait pour le manger, l'idéal passerait dans les mœurs et une idéalisation générale se produirait, comme l'hygiène physique étend sa bienfaisance et diminue les rachitismes et les infections.

L'Art a pour but le bonheur. Il ne remplace pas les autres éléments de la vie harmonieuse, mais seul il contient de la joie à l'état concentré.

Il donne un peu de ce que nous cherchons dans les passions : rarement la beauté du corps humain se livre à nos yeux, et nos logis encadrent médiocrement nos rêves ; les commérages de la profession ou de la localité nous entretiennent d'une comédie peu variée.

L'art satisfait, à l'état imaginatif, les passions ; et enseigne à mépriser la fortune : l'erreur colossale qui surcharge la plupart des existences est celle de la possession : on croit que pour jouir, il faut avoir. On envie les objets dont on peut recevoir le rayonnement, sans difficulté. Il est raisonnable d'aimer les belles formes, la couleur de la chair, les palais et toutes les choses précieuses : mais la civilisation offre cela commodément gratuitement. Que ferait-on de plus si on était possesseur du Louvre que d'y promener sa rêverie avec des stations aux œuvres attirantes ! Le propriétaire de Notre-Dame n'en jouirait pas plus que le fidèle, car le propre des choses uniques c'est d'avoir un destin collectif ; et sous ce rapport, la démocratie a vraiment bien mérité de l'intelligence en ouvrant et multipliant les musées et les bibliothèques.

L'Art a pour mission de satisfaire aux passions, d'une façon harmonieuse et pure ; et l'enthousiasme apparaît une forme presque divine de l'amour.

La philosophie a beaucoup parlé du soliloque, de la conversation avec soi-même, mais le plus impérieux besoin de l'âme n'est-il pas de nous quitter, de nous oublier, de nous dépersonnalisrer en autrui ? Que cherche-t-on dans une fête, une figure gracieuse qui serve de thyrse aux pampres de notre imagination : l'œuvre d'art nous offre des êtres plus beaux que ceux de la vie, que nous pouvons admirer et laisser à notre gré : dès lors nous ne commettons plus la bêtise universelle de chercher la beauté dans la femme : le mot de beau sexe perd le sens que la niaiserie lui a donné.

La femme incarne la momentanéité de ce phénomène transcendant : l'unité. Par elle, nous avons des minutes complètes grâce au très grand nombre de rapports qui naissent de l'étincelle sexuelle, mais la beauté n'a rien à faire, dans l'amour, qui est possessif, alors que la contemplation est le seul rite qui convienne au Beau véritable.

L'attraction sexuelle résulte d'une convenance nerveuse où l'aspect et la forme n'entrent qu'en facteurs secondaires : les admirateurs de la Vénus de Milo peuvent se figurer que la déesse ferait peu d'honneur au mondain qui la mènerait au restaurant, et même le peu d'éclat de la Médicis, une fois habillée par un couturier parisien. Les beaux corps de l'art ne produiraient pas l'impression sublime dans des poses familières ou intimes : le beau est donc tellement différent du réel, qu'il ne peut se transposer en rythme vivant sans perdre sa qualité non plus que le réel n'entrera dans l'art. La statuette de Tanagra correspond à la concupiscence, mais c'est une poupée et non une immortelle : l'Eve de la Sixtine, non plus que la Vierge du Titien ne sont des personnes, mais des personnalisations. Tant qu'il y aura, au salon carré, un seul hollandais les Latins professeront par là, leur manque de métaphysique : ils l'ont manifesté avec le mouvement des arts décoratifs, vraiment comique. Une époque qui ne sait pas tirer du marbre un éphèbe et faire rayonner un rêve entre des paupières, prétend à mettre du beau jusque dans ses boutons de manchettes : comme si, du reste, il pouvait y avoir un art décoratif, quand il n'y a plus d'architecture.

Les derniers idéalistes, comme Gustave Moreau ont fait leur œuvre, si loin de l'époque qu'on ne sait pas quand ils ont vécu : et c'est la condamnation de cette décadence qu'il faille s'en évader par un effort de la pensée pour retrouver des lueurs de ce phare qui illumina le Passé et qui illuminera l'Eternité, étant la forme même de Dieu, et le vêtement de la vérité, le Beau !

V

LA MORT ET LE DEVENIR

Dans cette tragi-comédie où Euripide a mérité les vitupérations d'Aristophane : Alkestis ; il y a un des plus beaux mouvements du théâtre, lorsque Héraclès, dégrisé par la révélation du désastre d'Admétos resserre la peau de Némée à ses reins et mettant la massue sur l'épaule, encor ivre mais déjà sublime, quitte la scène pour chercher la Mort et la vaincre.

Eschyle seul eut écrit l'acte qui marque le combat de Thanatos et du fils d'Alcmène ; non pas cette Thanatos d'Orange à bigarrure moyenâgeuse et cocasse, mais la Mort grecque, la calme, implacable, et parfaitement belle déesse du devenir, tellé qu'on la figurait à Eleusis et que la croyait Socrate en prenant la coupe de ciguë et qui diffère un peu de la mort des chrétiens agnostiques.

La Mort nous trouve dans trois états, justice et c'est l'élection ; injustice et c'est la damnation ; et enfin dans cet état indéterminé et très général qui s'applique à la plupart des existences, la médiocrité, sans crimes et sans vertus, insuffisant pour l'élection et aussi pour le dam, et correspond au Purgatoire, réalité merveilleusement énoncée par l'Eglise.

Les catéchismes contiennent encore, car ceux qui les autorisent ne les lisent pas, cette infamie, que sans baptême, Jésus-Christ n'admettra pas les justes en son Paradis : et Dante, Dante lui-même, le grand Albigeois, celui qui n'a eu peur de rien, a eu peur du catéchisme et les justes du paganisme sont aux Champs-Elysées et non au Paradis.

Il est donc utile de décider ce qu'est un juste devant la mort : c'est celui qui a satisfait à l'imperfection sérielle, au péché originel dirait saint Sulpice.

En quoi consiste cette satisfaction ? nous l'avons vu dans la psychologie ; à cribler la vie par la conscience, à élever la conscience par l'idéal ; et de l'idéal atteindre à l'idée qui est unique en soi, et s'appelle Dieu au moral, l'absolu au spirituel.

La mort a donc trois aspects et Eschyle l'eut montré, s'il eut écrit une *Alkestis*.

Aux hommes esclaves de la sensation, elle apparaît tortionnaire, hideuse, épouvantable et l'effroi qu'elle cause est légitime, car elle est atroce à qui n'a pas subordonné son corps à son âme. Celui-là arrive avec tous les appétits physiques dans un monde inorganique ; l'ivrogne, le goinfre et le paillard n'ont plus d'organes et toujours les appétits à l'état désordonné, ils périssent donc entiers et tombent au-dessous de la série, ne pouvant devenir bêtes, ils cessent d'être.

Le juste qui a satisfait à l'imperfection sérielle, en développant sa conscience voit une figure froide, sévère, fatidique mais noble et belle ; il a l'impression d'un nouvel effort, mais assuré du devenir : c'est l'initié au seuil des dernières épreuves ; et déjà, comme dans la Flûte enchantée, la bienveillance des hiérophantes perce sous la rigueur hiératique : on le regarde, comme au moustier, un nouveau profès, aux vœux d'éternité.

Frappé de respect, le juste ne tremble pas, car dans les yeux de l'Euménide, s'allume le flambeau de la certitude ; il est admis au devenir, et le devenir ouvre le portique céleste.

Quand le saint, le génie, le héros, franchissent la barrière organique, ce n'est plus une allégorie sévère qui les accueille, c'est la figure même de leur œuvre, de leur acte, une sœur souverainement belle, une fiancée spirituelle, un ange qui semble les avoir attendus pour goûter la joie divine : et alors, c'est d'allégresse que l'élu tremble. Il subit à ce moment une torture sans nom l'écrasement, l'incendie, le coup d'une telle béatitude et si nouvelle qu'il croit mourir : il naît, et sa parëdre, son idée, son vœu, désormais le suivra comme un page, dans les siècles des siècles !

Heureux qui a souvent et profondément pensé à l'infini, et qui le reconnaîtra en y touchant !

Or, Héraclès, en sortant du Palais d'Admetos pour arracher Alkestis à la mort, était encore sous l'influence du vin et malgré la beauté de son dessein sa pensée courte et trapue, se figurait la mort en vieille sorcière de Thessalie et ainsi il la rencontra. L'apostropher, serrer la vieille gorge dans sa main formidable, la terrasser, c'est l'affaire d'un instant : mais quoi, la mort à qui nul n'échappe serait terrassée par un poing robuste ?

Le héros, car un héros même obtus comprend tôt ou tard, lâche la loque humaine, jette sa massue et son cœur s'exprime. Il venait lui, fils de Zeus, rendre une épouse aimée à l'incomparable ami et à mesure qu'il s'attendrit et s'émeut, la vieille sorcière devint une belle et morne figure de Pallas funèbre, implacable mais belle. Héraclès voit enfin l'âme de la mort et cette âme pleine d'amour pour les hommes, d'obéissance aux Moires et que Wagner a vu presque dans sa sublime apparition de la Walkyrie annonçant à Siegmund la mort prochaine.

Devant cette triste grandeur, cette douceur implacable, Héraklès qui n'est pas Œdipe, l'actif, le héros corporel, le chevalier sans gnose, se désole et s'effare ; ses poings sont inutiles, ses larmes vaines. Désespéré de son impuissance, il s'adresse à son père qui est aux cieux, il crie sa détresse, il implore un miracle, il s'humilie : et à mesure que sa prière monte, Thanathos devient plus belle, le sourire passe sur sa bouche parfaite c'est Pallas-Athéné ; et qui révèle au héros le mystère du devenir et doucement le détaillant à cet esprit inculte l'initiant littéralement. Enfin, le fils d'Alcmène comprend qu'il faut une hostie pour un salut et il offre au ciel de mourir, de sa propre main, à l'heure marquée, ce qu'il réalisera sous la morsure de la fatale tunique, si Alkestis lui est rendue : et Thanatos livre la jeune femme au héros car la Norme reconnaît le droit du sacrifice et le juste en payant pour autrui , obtient le miracle, même la résurrection. Jésus a pu dire à Lazare : « lève toi » car le Golgotha lui conférait, même humainement, ce privilège.

Le mystère du devenir est le seul qui doit être sinon compris, adoré par tous ; il décide de la vie et timbre ses actes. L'Egypte, la plus ancienne, la plus longue des civilisations connues a vécu moralement sur cette idée du devenir ; elle a cru à l'immortalité, plus qu'aucune autre race.

Les peintures des tombes représentent le double aux mêmes actes de la vie réelle, en propriétaire rural, en fonctionnaire, suivant la qualité du mort. Serait-il pas injuste de se figurer la théologie d'après la dévotion, et Jésus selon la Sainte Face dont Rome a inondé les Eglises de la chrétienté ?

Tant que la foi au devenir manque à l'individu ou au peuple il n'y a rien à espérer : car la vie circonscrite à l'existence organique se solde par d'étroites nécessités : l'effort imposé par l'ascèse religieuse ou philosophique devient impossible et non parce que la crainte du dam ou l'espoir de la béatitude manqueraient ; mais il aurait de la dérision à se perfectionner pour la vie terrestre.

Les saints seraient des dupes, si la vie finissait à la mort et revenant encore au même critère, parcequ'il résout la question sans réplique, la totalité des grands hommes ont emprunté leur inspiration à la seule idée du devenir.

L'idéal ne sourd point de la terre, il descend d'En haut : ce fut le sentiment du génie humain et quel fou s'inscrivait en faux contre l'humanité et ses archétypes.

Sur le devenir, les religions sont unanimes et les religions sont autrement respectables que les philosophies entreprises lyriques d'individus plus ou moins inspirés.

Les religions ont fait leur preuve, non pas les philosophies, et encore les philosophies traditionnelles sont-elles sorties des temples. L'infériorité commence à Descartes, cet honnête homme surfait a osé le premier du fond de son poèle se passer de tradition ; il émancipait et on l'a suivi, non pour la doctrine mais pour l'exemple et qui en deux siècles a fait naître la grande billevesée des antinomies. Malgré le pesant appareil de l'édifice allemand, le dualisme, exécrable comme croyance, ne s'explique pas, en métaphysique.

La vie, le phénomène synthétique se compose de sensations, de passions et d'idées. Tout problème a une formule d'expérience, une de conscience et une troisième d'intellection.

L'Art qui produit la vérité est dans le tempérament des trois termes qui se doivent subordonner entre eux jusqu'à s'unifier.

En Dieu, la Vérité est la Trinité et Lacuria dans ses Harmonies de l'être, l'a immortellement démontré.

LES ANTINOMIES

DE LA

THÉODICÉE

LE MYSTÈRE DU PÈRE

Monothéisme

L'unité, clé du nombre, développe en se modalisant les degrés de la vie et de l'être ; nous ne sommes, et le cosmos n'est, qu'une involution de l'unité dans la modalité. Religion, philosophie n'enseignent rien autre que l'ascèse qui nous évolue vers cette même unité dont la circonférence est partout et le centre nulle part.

L'unité en mathémathique, le point en géométrie, la molécule en physique, sont l'assise abstraite de toute la science.

Nous comprenons qu'un livre diffère de deux et que sans l'un, il n'y aurait aucun nombre, comme sans le point initial et primitif, aucune ligne : et au contraire que de l'un et du point, l'indéfini du nombre et de la ligne jaillissent.

Dieu est l'unité source de la multiplicité et le point d'où part la vie et sa forme. En multipliant l'unité nous atteindrons l'indéfini, et non l'infini car neuf cent mille millions de milliards se comptent et s'inscrivent, sans donner l'idée d'infini : le total c'est l'unité : elle est vraie de la matière et de l'esprit, elle est l'absolu. La tendance supérieure de l'être à tous ses degrés : c'est l'unification.

Il n'y a qu'un Dieu, car il n'y a qu'un nombre absolu, et partant qu'un principe celui de la vie, phénomène qui les contient tous, car la vie signifie aussi bien l'ange que l'animal et l'homme : et Dieu est l'être, par excellence, le toujours vivant, comme on dit le Tout-Puissant.

« Dieu a fait de rien l'une et l'autre nature, la spirituelle et la corporelle » dit le concile de Latran, et à sa suite les cathéchismes répètent : « Dieu a tiré le cosmos du néant. »

Cette formulation est incompréhensible, le Theou-Béou du Bereschit, le Cahos d'Ovide n'est pas le rien, mais la matière à l'état hyperconcentré. « Dieu a fait de lui, l'une et l'autre nature » la création est affirmative, et Dieu ne se nie pas, en principiant la vie.

La suite de l'expression « l'une et l'autre nature » embarrasserait l'esprit de plusieurs. Comment les corps seraient-ils sortis de l'incorporel ?

Dieu a projeté son ombre, l'ombre de l'être sera le non être ; c'est-à-dire la relativité, mais verbale, archétype, et lorsque Jean dit « a l'aube de notre connaissance, au commencement de ce que nous pouvons entendre, était le Verbe ? » Le Verbe c'est la vie, toute la vie, celles des idées d'abord : nous ne concevons pas Dieu autrement que Créateur. Le Verbe contient donc l'idée créatrice : le mouvement de cette idée est la vague de vie, le divin halo de la pensée absolue, puis la série spirituelle, et cette série allégorisée dans les anges, Œlohim. Eux-de-lui a ministériellement opéré le cosmos et l'homme.

Celui-ci a été fait par l'ange, cela explique cette erreur du premier humain qui fut créé androgyne et qu'il fallut retoucher, dualiser, l'androgyne type céleste n'étant pas propre à la vie organique.

En adoptant l'Ancien Testament comme livre sacré, les premiers Pères n'ont prévu, ni l'imprimerie, ni les conditions extraordinaires, dont l'érudition aujourd'hui dispose. Actuellement, aucun concile ne soutiendrait l'égalité des deux testaments, par l'impossibilité de donner un texte et une interprétation valables de l'Ancien.

La Vulgate, outil pour les usages du culte, n'a pas plus de valeur doctrinale qu'une autre traduction, et le Pape-lui même ne saurait décider si bara signifie créer ou séparer, et si sébaoth veut dire armée ou septenaire ?

Les dates d'Israël, seize cents avant J.-C. n'ont eu un caractère d'antiquité que pendant l'ignorance des cinq mille ans d'Égypte et Kaldée. Qui croira que Dieu attendit si longtemps pour se choisir un peuple ! et que ce peuple choisi mit quatre mille ans à errer en nomade avant d'avoir une loi, une langue et une cité ! Jéhovah féroce et en tout point sémitique est la plus basse conception d'un Dieu mais il fut conçu unique et c'est le seul prestige de la loi hébraïque.

Quant aux conséquences de l'unité : trinité des personnes, ternaire du devenir : paradis, purgatoire et enfer, la Thorah ne marque rien. Le Talmud comme la Kabbale sont œuvres alexandrines, corps synthétique de doctrines composites, coulées au moule hébraïque, par l'émulation des rabbins honteux d'être sans métaphysique.

Philon veut dater la foi d'Abraham, comme les laïcisateurs ont enseigné, que le patriotisme en France était né de la Révolution. Le rabbin hellénisant figure les trois sortes de la croyance en Abraham, Isaac et Jacob, analysant leur noms.

Le signe de Iéhovah c'est la circoncision ; c'est aussi celui d'Allah. Ce que les Alexandrins ont fait pour la Thorah, les Soufis l'appliquèrent au

Khoran, mais les mœurs sémitiques ne valurent jamais celles des prétendus païens : et l'honnêteté d'un athénien l'emporte sur celle d'un arabe.

Malgré le plus bizarre antropomorphisme poussé jusqu'à la peinture passionnelle éhontée le scandale rétrospectif que nous cause le mythe grec couvrait une pratique vénérable de la vertu, et surtout une nature de sensibilité, très voisine de l'Évangile.

Jésus aurait-il trouvé à Athènes, la ciguë de Socrate ? Entre la ciguë et le supplice de la croix, il y a une singulière différence d'âme.

Une conscience harmonieuse découvrait l'unité, comme principe de la connaissance, et ce qui tend à l'unité tend au bien : mais il faut entendre autrement l'unité politique, française ou italienne et l'unité morale. L'immanence du vol et de l'homicide naît de la diversité des intérêts de race, et de nos instincts de bête qui poussent le loup humain à dévorer des faibles jusqu'aux confins du monde.

Aucune époque n'a plus agi contre l'unité que la nôtre : depuis la plèbe qui commande le nombre des enfants au lieu de la qualité, jusqu'au politicien qui a pris la plèbe pour critère et unique facteur. Or, le nombre, sujet de l'unité, aujourd'hui l'emporte, avec une certaine régularité qui dissimule l'anarchie foncière d'un tel régime.

L'α et l'ω de l'ésotérisme chrétien correspond au serpent roulé en cercle de l'alchimie ; il signifie que la divisibilité, dans un double mouvement, part de l'unité et s'y réintègre. Dieu le Père est l'unité et le monothéisme sans trinité n'a jamais connu l'ordre de pensée et de manifestation que nous attribuons aux deux autres personnes.

Au reste, le Dieu unique suffit à expliquer la création, car il pose les deux termes indispensables de fini et d'infini : mais il n'expliquerait ni la Rédemption, ni la Sanctification : et le Déisme, ce tiers de la vérité, ne mérite pas d'être compté aux formes de l'idéalisme. Ce qui est susceptible d'être nombré et limité constitue l'œuvre et le relatif de cet inconnu qui n'a pas de nombre, c'est-à-dire de limite.

L'addition la plus folle de quantité ne donne rien de l'infini, non plus que la science ; l'exercice du raisonnement s'y perdrait : rien de la vie, ni de l'étude ne nous parle que du fini ; la notion opposée ne nous arrivant pas de l'extérieur, est donc en nous, confuse ou brillante, mais congénitale, intégrante de notre personnalité morale. Cette notion, la plus précieuse est aussi la plus harassante à réfléchir ; car, sans définition que négative, elle forme l'antithèse la plus grande avec nous même. C'est un avantage trop inapprécié de l'éducation religieuse que cette culture qui fomente en nous l'idée d'absolu et en fait une inestimable habitude de notre esprit ; cette clé ouvre même la porte des découvertes.

Car le plus grand des savants, sera celui, qui au lieu de s'éparpiller aux accidents de la multiplicité, cherchera exclusivement à évoluer la matière c'est-à-dire à rechercher son plus haut point d'unité. Qu'est-ce donc que la civilisation, sinon une certaine unité des aspirations et des mœurs et le faux idéal du progrès ne prête-t-il pas aussi à des résultats qui sont aussi bien en thèse qu'en acte, des unifications ?

Tout ce qui existe nécessite une perfection typique ou principe ; sans quoi nous rêverions l'objectivité et nos cogitations seraient supérieures à la réalité.

C'est une erreur, quoique fameuse, de dire, que rien n'est dans l'intellect, qui ne soit tout d'abord dans la sensation. Mais c'est une évidence métaphysique d'enseigner que rien n'est dans l'intellect, qui ne soit dans l'Être.

Une seule pensée propre à l'homme, générée par l'homme, une idée qu'il concevrait sans qu'existât sa réalité, constituerait une hybridation formidable entre deux asymptotes, le relatif et l'absolu.

Le rapport nécessite un point de départ, un point d'arrivée : un des points étant l'homme, l'autre existe, quelque soit le nom qu'on lui donne. Il faut que les qualités, qui sont les clés abstractives aboutissent à la qualité, et qu'il y en ait une indivisible, synthèse de toute divisibilité. Il n'y a plus d'antinomie entre le tempérament et l'entendement qu'entre la sensation et l'idée.

On multipliera, à son gré, les modalités d'être et de substance, il faudra toujours arriver à concevoir l'unité radicale ; et sa conception entraîne la réalité, sinon l'homme serait le créateur d'une idée et au domaine où nous sommes, une idée vaut le monde, le cosmos n'étant lui-même qu'une idée vivante et réalisée.

Le débat entre la rationalisme et l'idéalisme aboutit aux deux raisons de Kant ; il naît d'une erreur étrange qui confond la compréhension et l'explication.

Il y a cependant une différence profonde entre la perception d'une nécessité et la connaissance de ses causes.

Les manuels donnent la compréhension de beaucoup de phénomènes sans les expliquer : car la connaissance d'un fait n'explique pas sa solution.

La stygmatisée de Bois d'Aines, et les apparitions de Katee Kye ont été comprises, des savants et non pas expliqués.

Il y a, autant de raison que d'éléments dans l'homme c'est-à-dire que le raisonnement opère de trois façons, par l'expérience sur les faits par la conscience sur les sentiments, par la métaphysique sur les idées.

Les trois courants vitaux relèvent de la critique mais non du même critérium.

Celui qui demande à voir les anges pour y croire est un imbécile ; celui qui veut opposer un texte littéraire mal traduit à l'expérience d'un Galilée est le plus ignare des tyrans. Cet autre enfin qui déclare ne pas trouver nécessaire à la vie, la notion de Dieu créateur est un homme sans réflexion analogue à celui, qui en face du Parthénon dirait qu'il n'y voit que du marbre taillé et assemblé et point de génie.

L'athéisme n'est pas un système, ni le positivisme, une doctrine ; l'un n'est qu'une lacune chez l'individu, l'autre qu'une ignorance, car la positivité du chaud et du froid n'est pas plus éclatante que celle de la conception de fini et d'infini; sans quoi, il n'y a plus de pensée, de passion, ni d'idéalité....

LE MYSTÈRE DU FILS

—

Nos croyances ne sont ni très libres, ni bien motivées : le génie s'élève au-dessus de la date et de la race, le génie qui est Nom sur l'Océan du nombre, et représente le phare, par rapport à l'innombrable flot pontique. On peut dire, sans crainte d'erreur, que les doctrines ont des barrières naturelles, qu'il entre de la climatologie dans la Foi, et que les systèmes gardent leur zone géographique.

La négation même a une physionomie spéciale, suivant les civilisations : et le déisme d'un Socrate diffère souverainement de celui d'un Hegel, comme la foi d'un Platon diffère de celle d'un M. Olier.

L'Occident et l'Orient ont chacun des doctrines qu'ils n'échangeront jamais et si les savants métaphysiciens parviennent à comprendre les systèmes étrangers, ils ne pratiqueront que la foi de leur race.

Kant a vu juste, en éprouvant que l'antinomie est la forme initiale de l'intelligence : nous avons deux yeux et notre entendement ne perçoit rien que par dualisme : aucune thèse, sans son antithèse simultanée. Il n'y a aucun corps qui ne projette une ombre ou une pénombre, laquelle en soulignant le modelé le rend perceptible. Mais l'erreur a été grande de constituer en propositions doctrinales un phénomène intellectuel, typique de l'espèce connu de tous, dit ségrégation, par Aristote et distinction, par les autres.

Cette condition de notre pensée a tant de rigueur que nous avons créé une épithète qui ne désigne rien, incompréhensible : le non-être ou néant, c'est-à-dire l'ombre totale de la lumière. Or, le néant, le rien, que nous employons aux dits familiers, en métaphysique ne se définit pas : l'esprit ignore le néant si profondément, que ce mot n'a qu'une valeur d'antithèse en face de l'Absolu.

Si nous envisageons l'être en nous, Dieu sera le non-être ; si au contraire nous envisageons l'Etre en soi, c'est la création qui sera l'opposition radicale au Créateur : car il n'y a point de terme intermédiaire entre l'Absolu et le relatif ; et la séparation du Créateur au créé demeure sans limite.

Il y a deux électricités, ou l'électricité a deux modes, l'intelligence aussi ne perçoit que par l'étincelle jaillissant d'un positif et d'un négatif.

Le Dieu de Kaldée a sa parèdre ou principe passif, l'Egypte, comme l'Inde sa syzigie : Ossiris et Isis, Brahm et Maya.

La Perse a développé, dans un sens typhonien la même notion, elle a présenté la négation comme une activité rivale de l'affirmation qui en tout est le bien, et cette erreur pratiquée par le Manichéisme forme la plus grossière concrétion de l'antinomie. Dirait-on que l'esprit de l'homme se partage entre l'erreur et la vérité, et que son corps obéit à deux Normes la maladie et la santé ; et qu'il y a deux états de l'être, la vie et la mort ?

L'erreur n'est que la corruption de la vérité, la maladie l'obscuration de la santé ; et la mort, l'arrêt de la vie organique.

Or, la limite d'une chose n'est pas forcément une autre chose, ni sa diminution, ni même sa cessation, mais peut-être seulement sa modalité ascendante ou descendante.

Il n'y a peu de principes, mais l'art les augmente d'une multitude de conséquences. Il faut distinguer pour comprendre, et filier pour expliquer. Pas de thèse, sans antithèse ; par de conception sans dualisme ; pas de perception sans opposition ; pas de forme sans limite ; pas d'analyse sans un double terme.

Voilà pourquoi le Dieu unique en personne ne se conçoit qu'un despote, tout puissant mais incommunicablement séparé de sa créature. Le principe, par son essence ne peut se réunir à la créature ; et ni la bonté d'en haut, ni la supplication d'en bas ne se joignent, sans que le principe médian soit déterminé en une personnalisation, qui est le Fils.

Selon la logique transcendante, le Fils est nécessaire, forme, figure et aussi acte d'amour du Principe pour lui-même.

La dualité, essence des opérations de l'intelligence est aussi une condition de l'absolu, si on peut dire !

Le Polythéisme représente plutôt l'expression de la dévotion qu'une religion même ; la nécessité de l'intercesseur a fait dévier la foi, et on voit incessamment ce même courant se produire au cours de toutes les croyances. La magie multiplie les intermédiaires dans ses opérations.

En ce mystère, le mot fault incessamment à l'idée et dès qu'on a écrit, tout paraît à reprendre. Le Principe engendrant, par ce qu'il s'aime étant le Tout-Bien, et donnant son fils, égal à lui-même pour détruire l'infranchissable barrière existante entre sa Créature et lui-même ; cela confond, mais ne serait-ce pas la totale incompréhension de ne pas trembler, en approchant de cette zone si secrète et terrible que l'amour seul des saints a pu l'affronter.

L'incarnation ne se comprend que par le cœur ; ce n'est pas une matière de subtilité, mais de sensibilité infinie : et notre âme n'enferme rien même dans la passion et l'héroïsme mêlé, qui puisse exprimer l'Amour de l'Absolu, pour son œuvre.

De l'absolu tout est Absolu ; et la Rédemption manifeste l'Absolu de l'Amour.

Pourquoi Dieu a-t-il créé ? Cette question se fait, parmi d'autres oiseuses !

Dieu pouvait-il ne pas faire ce qu'il fait. La nécessité et la volonté ne sont-elles pas parallèles en lui ? Tout est de lui, et ce qui est, pourrait ne pas être ?

Dieu devait créer, quoique l'idée de devoir soit humaine : les mots vont mal qui impliquent une obligation au Tout-Puissant, à moins qu'on ne s'élève jusqu'à considérer qu'en Dieu le devoir et la volonté sont identiques, que son bon plaisir est la loi même, et la loi, son propre bon plaisir.

Comment nous dégager de nous-même dans la psychologie Divine ; notre conscience sans cesse en travail, et obscurcie nous empêche de figurer ce parfait miroir vivant où l'Absolu voit sa propre lumière et crée la perfection, en se reflétant.

J'ai résolu ailleurs une des difficultés de l'incarnation (1) en expliquant que Jésus n'a point eu de prédilection pour les juifs, et que la date et le lieu de sa mort ne signifient rien, en faveur ni des hébreux, ni des chrétiens.

L'acte divin n'a ni passé, ni futur ; les bénéfices du Calvaire ont été appliqués de toute éternité à l'humanité et aussi bien dans la création même qu'ils le seront au Jugement.

Il faut en finir avec l'envoûtement juif ; ceux qui ont vu la vallée de Josaphat savent que ce petit val semé de pierres ne doit sa destination extraordinaire qu'à la familiarité de Joël avec ce lieu médiocre, où un régiment évoluerait à peine.

L'ombre de Mosché, incessamment nous voile le visage de Jésus, et à chaque coup, la Thorah, calomnie l'Evangile et empêche son rayon de vivifier.

V. Amphithéâtre des sciences mortes, *passim.*

Dieu pouvait envoyer son fils, au salut des hommes, sans donner à l'incarnation le caractère réaliste qu'elle revêt, sans qu'il eut une mère mortelle. Or, le rôle prodigieux de Marie dans le plus saint des mystères est comme un sur-croît de pénétration du divin dans l'humain.

Dieu au ventre d'une femme, fut-elle immaculée ne trouvera grâce devant aucune raison. Car la raison ne contient pas de mesure pour contrôler un fait, même historique, même physique, quand ce fait involue la Divinité même.

Mais si nous maintenons notre esprit en face de l'idée d'Absolu unie à celle d'Amour, quelle limite poserons-nous aux manifestations de l'amour absolu ? Aucune, à moins de folie.

Celui qui, épris d'un zèle ingénu voudrait syllogistiquer sur l'incarnation n'assemblerait que des mots : car le mystère ne s'explique jamais : on ne peut que le comprendre : et on ne le comprend que par idéalité. Or nous avons vu que l'idéalité enferme autant d'amour que de pensée, et que l'intelligence n'a pas son apogée dans la seule subtilité mais dans un point de feu ou l'entendement s'échauffe de toute la force du cœur *Delicæ meæ esse cum filiis hominum.*

Les délices du Créateur sont son œuvre l'homme et l'ange, le Cosmos et l'Empyrée !

L'humanité de Jésus-Christ relie la terre au ciel avec une rigueur qui effare : c'est bien une alliance aux termes les plus humains, c'est une familiation insigne qui s'opère !

Le fils de Dieu est né, est mort et est ressuscité : l'homme ressuscitera donc : le gage en est donné par l'Incarnation, gage si indicible que dans ce mystère, ce n'est plus la distance qui déçoit, mais la face à face, le contact incompréhensible du relatif et de l'Absolu. On peut dire que Dieu s'est tant rapproché de nous que nous ne le voyons plus, continuant à le chercher dans l'impénétrabilité des cieux.

La foi est bien un don, car elle communique une paix, une certitude, si grandes que les hommes sans foi ou ne songent point au mystère ou en souffrent.

Croire est une élection, et la charité n'est ni au pain, ni au vêtement ; sa plénitude réside dans la propagation de la Foi, non pas celle qui va persécuter les peuples lointains, cette autre, qui apprend à trouver dans le signe de croix le secret de la vie et celui de la mort, qui est celui de la résurrection.

LE MYSTÈRE DU SAINT-ESPRIT

Panthéisme

« Il n'y a de Dieu que Dieu » et « Adonaï notre Seigneur est un » disent à la fois le marabout et le rabbin, les deux fils de Mosché.

Ils disent bien et leur parole est véridique mais courte, première ligne du livre de Vérité, mais celle-là seulement.

La Rédemption, conséquence de la Création, est en quelque sorte une rupture de l'unité au moins apparente. L'homme n'entend pas un sentiment aussi divin que celui du créateur pour la créature ; et ce qui devrait lui ployer les genoux le maintient inquiet et doutant, car l'extrême vérité nous éblouit, sans nous éclairer, tant que nous ne parvenons pas à un état suffisant de réceptivité.

La vie vient du père, le fils incarne, figure et forme ; une troisième opération relie les deux autres et conclut : la sanctification.

L'Ancien des jours a le visage d'un père, le fils la forme humaine, l'esprit est amorphe, rayon, effluve, et graphiquement pour exprimer son activité spéciale on lui a donné les traits de la colombe, même au temps ou le paganisme encore vivant devait inspirer aux premiers pères une répulsion pour la forme animale attribuée aux représentations divines.

Le rite des souffles de l'antique Egypte suffit à montrer qu'il y a toujours eu un culte du Saint-Esprit, dans les religions.

Procédant de la vie et de l'amour, l'action propre au Saint-Esprit sera l'harmonie ; car c'est exactement l'effet de l'amour dans l'existence.

Le Saint-Esprit représente donc la solution de tous les problèmes ainsi que le nombre trois est celui de la consonnance radicale des rapports.

L'ombre et la lumière à l'extrême ne seraient pas perçus : notre œil ne voit qu'une pénombre ou clair-obscur et notre entendement aussi.

Mais le clair-obscur, en métaphysique est une clarté presque individuelle, intransmissible comme notion. Le mystère ne relève donc pas de l'intelligence pure puisque l'incarnation signifie autant de sentiment que d'idée, et que Jésus a parlé à l'affectivité plus qu'à l'intellection.

Il semble que l'amour soit le mode de la compréhension divine ; à la lecture des mystiques on sent, la plupart du temps, que ce qui est noté n'est rien auprès de ce qu'a perçu l'extatique. Terrassé par la manifestation d'au delà, il l'a reçue et non pensée. De là, cette déception éprouvée auprès de Rusbrock et de tant d'autres, qui ne nous ont laissé que des exclamations de leur visions et non les visions même.

Nous voyons qu'ils ont vu, mais ils ne nous montrent rien.

L'action du Saint-Esprit ne suit pas un cours prévu et tel que le clergé se plaît à l'enseigner : la divine colombe ne bat pas des ailes au-dessus du prédicateur qui monte en chaire, patoiser, centoner, bafouiller des bribes de catéchisme : mais il descend sur un Wagner sans religion formelle et lui dicte Parsifal, avant qu'il ne meure.

L'incalculable et prodigieuse floraison d'églises du xᵉ au xvᵉ, ces chefs-d'œuvre qui confondent par leur nombre et la variété et qui, sans les protestants et les sans-culottes permettraient de compter en France par chef-d'œuvre et non par lieue, sur toutes les routes, sont des œuvres de l'Esprit.

On a pu dire qu'il y a trois saluts celui du Père ou de la stricte observance ; celui du Fils ou de l'amour ; enfin, celui du Saint--Esprit ou des œuvres inspirées.

Hors de l'Eglise, point de salut s'entend hors de l'Eglise une fois connue, mais il suffit d'une fatale éducation pour ignorer l'Eglise, ou d'une détestable disposition ou d'un exemple décevant !

Si je n'avais jamais vu de cathédrale, de fresque, ni lu de grands théologiens je doute fort que je fusse devenu chrétien et je comprends mal comment sur la foi d'un homme noir venu de loin, l'hindou ou même le mongol adhérera à l'Eglise ?

Leibnitz trop oublié, a été le dernier des grands philosophes ; il tenta de reconstituer la méthode des sciences sur la base de la foi et de justifier le mystère devant la raison : mais déjà les intérêts étaient trop vifs pour qu'une tentative d'harmonie fut réalisable : chacun disait de son fragment de vérité que c'était l'intégrale, et la grande erreur dont le catholicisme même n'est pas exempt, ce péché d'orgueil religieux, ne permet pas d'accepter un aspect de la vérité, présenté par l'adversaire.

Et cependant l'Esprit inspire quand il veut et il y a de belles et bonnes choses parmi les gangues. La vérité ne se présente intégrale nulle part et même là où elle paraît fondamentale et presque complète, elle s'obscurcit de la personnalité même qui la manifeste.

L'esprit est la synthèse : mais la tendance d'une religion paraît moins à manifester toute sa vérité qu'à guerroyer contre la vérité extérieure. La certitude produit l'impériosité et la violence. Les guerres de religion ont été plus féroces que les autres, car le prétexte permettait à l'hypocrisie une grande carrière.

On dit la Foi aveugle, elle le devient, quand elle frappe : alors elle extermine ; ses ennemis s'appellent ennemis de Dieu, elle est le bras d'en-haut, et se saoûle d'homicide.

Tels sectaires russes qu'on tue sous le fouet ou qu'on envoie pourrir en Sibérie parcequ'ils refusent le service militaire sont de vrais chrétiens ; et les archevêques français patriotes et chanteurs de Te Deum pour les expéditions coloniales ne représentent que la Barbarie.

Les péchés contre le Saint-Esprit se résument en un : la désharmonie. Diviser, désaccorder, dissocier sont les œuvres infernales ; schisme, guerre, négations. Au contraire tout élément de cohésion, de communion, d'entente et par conséquent la civilisation même, voilà l'œuvre de la troisième personne.

Le Panthéisme théorique est absurde il ne distingue pas le principe de l'effet ; mais au point de vue de la perception sentimentale, il n'y a rien d'erronné à suivre l'influx divin jusqu'au dernier degré de l'involution et à voir le Verbe jusqu'aux confins de la vie et même de la matière.

« Alimente ton entendement de tous les rapports que tu découvriras », disent les Œlohim à l'homme typique ; et l'homme se mettant à rêver devant l'innombrable rapport a perdu de vue la distinction nécessaire du relatif à l'Absolu.

Un des points les plus obscurs de la connaissance est celui du rapport si différent de Dieu à l'homme, soumis à l'oscillation de la conscience.

L'obscuration du péché nous cache incessamment nos devoirs et notre relation avec le Créateur, mais parce que l'enfant oublie la filialité, est-ce que le Père lui, conséquent et réfléchi, omettra pour cela, sa paternité ?

Le Saint-Esprit contient donc la résolution de toute antinomie ; il raccorde perpétuellement les antithèses, il est le troisième terme, il est le vrai. Aucune proposition n'existe sans opposition : aucune opposition ne résiste, en logique, au ternaire.

L'incarnation est inconceptible à l'homme.

Mais l'incarnation est un acte divin et, il ne

peut tomber sous la conceptualité humaine.

L'évidence du phénomène est vraie, mais l'immanence du Mystère l'est aussi.

Traiter la religion par le critère scientifique ou, par la rationnalité, est œuvre d'adolescents présomptueux et d'un pauvre esprit : mais comment empêcher chacun de se croire autorisé à donner son activité comme l'excellente, à vouloir prendre, sur lui-même, la mesure de l'esprit humain ?

La vie est une harmonie, sans cesse contrariée par la triplicité de ses éléments. Son apogée ne paraît ni dans la science, ni dans la philosophie, ni dans la foi, parce que la science ne traite que des rapports cosmiques, la philosophie que des méthodes, la foi que des relativités avec le mystère : mais la réalité, l'intelligence et la Beauté forment la Trinité abstraite par qui tout a été, et sera. Amen ! !

FIN

TABLE DES MATIÈRES

LES ANTINOMIES DE LA THÉODICÉE

*Achevé d'imprimer
sur les presses
de la Petite Imprimerie Vendéenne
le deux Août
mil neuf cent un*